Chakall kocht

Chakall kocht

Schnelle Rezepte für gute Laune

Fotografie: Artur

Inhalt

Vorwort 6

10 **Mit einem Lächeln serviert – und aufgegessen**
Rezepte, die glücklich machen

36 **Ich koche schnell was.**
Rezepte für Vielbeschäftigte

66 **Amor, amor**
Rezepte für ein Dinner zu zweit

88 **Ein Grund zu feiern**
Rezepte für Picknick & Party

130 **Kommt ihr zum Abendessen?**
Rezepte für gute Freunde

160 **Ich packe meinen Koffer …**
Rezepte bei Fernweh

Register 190 // Impressum 192

Vorwort

Kochen bedeutet für mich gute Laune. Mit einem guten selbst gemachten Essen kann man andere Menschen glücklich machen – die besten Freunde, den Partner, die Familie. Aber Kochen macht auch denjenigen glücklich, der kocht. Kombinieren Sie einfach mal eine frische Ananas mit Koriandergrün und geriebenem Ingwer – so köstlich, einfach und entspannt kann das Leben sein. Und wenn Sie es richtig machen, verbringen Sie so wenig Zeit mit dem Kochen, dass Sie Ihr Glück auch noch richtig genießen können. In diesem Buch finden Sie über 90 meiner Lieblingsrezepte aus der ganzen Welt. Ich habe auf meinen Reisen fast 100 Länder besucht und überall Menschen getroffen, die gerne kochen und ihr Wissen mit mir geteilt haben. Jedes dieser Rezepte ist auch ein Rezept für ein bisschen Glück.

Jedes Kapitel in diesem Buch ist einem besonderen Anlass und der dazu passenden Stimmung gewidmet – ob romantisches Dinner, Picknick und Party oder gemütliches Abendessen mit Freunden. Ein Kapitel hat das Thema Fernweh – ein Gefühl, das ich gut kenne. Dann koche ich etwas, was nach Afrika oder Südostasien schmeckt. Musik ist für mich dabei ein ständiger Begleiter – egal wo ich koche. Für dieses Buch habe ich ein paar Musiktipps ausgesucht, die gut zur Stimmung der Kapitel passen. Also: Kochen Sie, und werden Sie glücklich!

Alles Gute

Chakall

Den Spitznamen Chakall verdanke ich meiner Abenteuerlust. Ich bin das fünfte von sechs Kindern und meine Eltern hatten ihre liebe Mühe, uns alle zu beaufsichtigen. Wir besuchten oft Landwirtschaftsausstellungen und Haushaltsmessen, wo es mir immer gelang, mich davonzustehlen, weil ich von so etwas Magischem wie der Vorführung einer Nudelmaschine fasziniert war. Meistens fand mich meine Familie irgendwie wieder. Doch einmal, als ich sieben Jahre alt war, legte ich den Heimweg auf eigene Faust zurück. Meine älteren Brüder tauften mich nach dieser Episode »der Schakal« – und der Spitzname ist geblieben. Für mich bedeutet er etwas Positives: Freude am Abenteuer zu haben und sich auf der ganzen Welt zu Hause zu fühlen.

Meine ersten Erinnerungen haben mit dem Kochen zu tun. Meine Mutter betrieb ein Restaurant und ich war ständig in der Küche zugange. Es gab einen großen Holztisch, auf dem meine Mutter Pasta, Pizza und Empanadillas machte, kleine Gebäckstücke aus Blätterteig (s. S. 100). Ich sah gern der Küchenhilfe zu, die kleine Teigstücke präzise ausrollte, um dann mit einem Löffel die Füllung in die Mitte zu geben. Die Teigtaschen, die in den Ofen wanderten, sahen aus wie kleine Kunstwerke. Diese Kunst wollte ich unbedingt lernen. Für mich als Kind sah das nicht nach Arbeit aus, sondern nach den Beschäftigungen, die mich damals besonders glücklich machten: spielen und essen.

Ich hatte meine Liebe zum Kochen entdeckt, und mit zehn Jahren war ich ein Hansdampf in der Restaurantküche: Ich half bei der Zubereitung, spülte (eher unlustig) Teller und Töpfe und trug sogar Speisen auf. Meine echte kulinarische Ausbildung bekam ich jedoch im portugiesisch-libanesischen Haushalt meiner Tante Virginia. (Ich habe Verwandtschaft aus Spanien, Frankreich, Italien und sogar aus der Schweiz, also klingt das in meinen Ohren nicht so exotisch.) Die Höhepunkte in ihrem Haus waren die üppigen Sonntagsessen mit ihrem Mann Jorge und dessen sechs Brüdern. Die Speisen wurden oft Tage im Voraus zubereitet. Dabei half ich gerne, weil ich wusste, dass ich an diesem Festmahl würde teilnehmen dürfen.

Ich komme aus Argentinien und wie jeder weiß, wird bei uns nur gegrilltes Fleisch als Mahlzeit ernst genommen. (Sie finden ein argentinisches Steak mit Chimichurri-Sauce auf S. 176.) Ohne meine Reiselust hätte ich also nur wenig kulinarische Vielfalt kennengelernt. Mittlerweile war ich auf fünf Kontinenten unterwegs und überall habe ich Menschen getroffen, die kochen – für sich selbst, für ihre Familie oder in einem Restaurant. Viele der besten Köche, die ich kennengelernt habe, waren nicht Berufsköche. Manchen von ihnen konnte ich ihre Rezepte entlocken, bei anderen Gerichten habe ich selbst neue Kombinationen ausprobiert.

Mein Markenzeichen ist der Turban. Für mich entdeckt habe ich dieses Kleidungsstück in Nordafrika – dort ist es einfach praktisch, denn es schützt vor Sonne, Wind und Sand. Dann fiel mir auf, wie nützlich er in der Küche ist (denn wer trägt schon gern so eine altmodische weiße Kochhaube?). Inzwischen habe ich ihn fast immer auf, und ich habe Tücher in allen Farben zu Hause. Wenn wir uns mal treffen, zeige ich Ihnen, wie es funktioniert.

Mein Berufsleben begann ich als Journalist. Erst später fing ich an, professionell zu kochen und eröffnete ein inzwischen preisgekröntes Restaurant in Lissabon. Mit meiner Kochsendung für das portugiesische Fernsehen war ich schon in vielen Ländern unterwegs – von Spanien bis China. Meine Frau und meine Kinder leben in Berlin, und dort ist mittlerweile auch mein Lebensmittelpunkt.

Kochen sollte kein Stress sein. Ich bin beruflich viel unterwegs, aber wenn ich nach Hause zu meiner Familie komme, möchte ich Zeit mit ihr verbringen. Deshalb lasse ich meine Kinder in der Küche mithelfen. Sie dürfen Eier aufschlagen, Teig kneten, die Nudelmaschine bedienen und vieles andere, das ihnen Spaß macht. Jeder sollte wissen, wie man das Beste aus jeder Zutat herausholt. Nicht so wichtig ist es, dass Sie jedes Rezept buchstabengetreu befolgen. Haben Sie Spaß beim Kochen, und die gute Laune kommt von alleine.

Mit einem Lächeln serviert – und aufgegessen

Rezepte, die glücklich machen

Chakalls Musiktipps

Reggae sorgt bei mir sofort für gute Laune. Fidel Nadal ist ein sehr vielseitiger argentinischer Rastaman. Los Pericos waren die erste Reggaegruppe Argentiniens. Und Bob Marley, den Klassiker, kann man immer wieder hören.

- Fidel Nadal // Repatriacion
- Los Pericos // Pampas Reggae
- Bob Marley // Catch a Fire

Spinatsuppe mit Fontina

1 Schalotten abziehen, Kartoffeln schälen und beides in kleine Würfel schneiden. Den Käse in mundgerechte Würfel schneiden.

2 Für die Garnitur die Zwiebel abziehen und in breite Ringe schneiden. Die Zwiebelringe in Eigelb und danach in den Semmelbröseln wenden. Reichlich Olivenöl in einer Pfanne erhitzen und die Zwiebelringe darin bei mittlerer Hitze braten, bis sie braun und knusprig sind. Auf Küchenpapier abtropfen lassen.

3 Den Spinat gründlich waschen und verlesen. Dabei grobe Stiele entfernen und größere Blätter klein zupfen. Die Butter in einem Topf zerlassen. Schalotten und Kartoffeln dazugeben und unter Rühren anbraten, bis die Schalotten glasig sind. Die Gemüsebrühe, Salz und Pfeffer dazugeben und etwa 15 Minuten kochen lassen. Den Spinat zufügen und kurz kochen lassen, sodass er zusammenfällt.

4 Die Suppe im Mixer oder mit einem Pürierstab pürieren und mit Salz, Pfeffer und Muskatnuss abschmecken. Die Sahne unterrühren.

5 Kurz vor dem Servieren den Käse dazugeben, und die Suppe noch einmal kurz erhitzen, bis der Käse leicht schmilzt. Die Suppe auf Portionsteller verteilen und mit Zwiebelringen garniert servieren.

Für 4 Personen
- 2 Schalotten
- 400 g Kartoffeln
- 80 g Fontina (oder Taleggio; gut schmelzende italienische Käsesorten)
- 500 g Spinat
- 50 g Butter
- 750 ml Gemüsebrühe
- Salz, frisch gemahlener Pfeffer
- Etwas geriebene Muskatnuss (nach Belieben)
- 100 g Sahne

Zum Garnieren:
- 1 große Zwiebel
- 1 Eigelb
- 100 g Semmelbrösel
- Olivenöl

Kalte Ingwer-Avocado-Suppe

1 Die Avocados bis auf den Kern rundherum einschneiden, die Hälften gegeneinanderdrehen und trennen. Den Kern entfernen, die Avocadohälften schälen. Das Fruchtfleisch würfeln.

2 Die Knoblauchzehe und die Zwiebel abziehen und fein hacken. Die Chilischoten halbieren, entkernen und hacken. Avocado, Knoblauch, Zwiebel, Chilischoten, Zitronensaft und Gemüsefond in eine Schüssel geben und mit dem Pürierstab oder im Mixer glatt pürieren.

3 Die Koriandersamen in einer Pfanne ohne Fett bei mittlerer Hitze 20 Sekunden anrösten. Aus der Pfanne nehmen, etwas abkühlen lassen und in einem Mörser zerstoßen. Den Ingwer schälen, die Wurzel halbieren. Eine Hälfte in einer Knoblauchpresse zerdrücken, den Saft auffangen und mit den Koriandersamen unter die Suppe rühren. Die Sahne dazugeben. Alles salzen und pfeffern.

4 Die Suppe für 3–4 Stunden in den Kühlschrank stellen, sie sollte zum Servieren ganz kalt sein. Die zweite Hälfte des Ingwers in sehr kleine Würfel schneiden.

5 Zum Servieren die Suppe auf vier Teller verteilen und je 1 EL Olivenöl unter jede Portion rühren. Mit den Ingwerwürfelchen garnieren.

Für 4 Personen
- 2 Avocados
- 1 Knoblauchzehe
- 1 kleine Zwiebel
- 2 grüne Chilischoten
- 4 EL Zitronensaft
- 700 ml Gemüsefond
- 1 TL Koriandersamen
- 5 cm Ingwerwurzel
- 2 EL Sahne
- Salz, frisch gemahlener Pfeffer
- 4 EL Olivenöl

Ceviche mit Mango und Koriander

1 Den Fisch mit einem scharfen Messer in 2 cm große Würfel schneiden. Die Mango schälen und das Fruchtfleisch in möglichst großen Scheiben vom Stein schneiden. Mangofleisch in 2 cm große Würfel schneiden. Die Zwiebel abziehen und fein würfeln. Die Chilischote halbieren, die Samen entfernen und das Fruchtfleisch fein hacken. Petersilie oder Koriander waschen und ebenfalls fein hacken.

2 Alle vorbereiteten Zutaten in eine Schüssel geben und mit Limettensaft und Olivenöl gut vermischen. Mit Salz und Pfeffer abschmecken. Abgedeckt 10 Minuten im Kühlschrank ziehen lassen. Auf Portionstellern anrichten – besonders schön sieht es aus, wenn Sie das Ceviche mit einem Servierring in Form bringen. Mit Rucolablättern garnieren und diese mit der Fischmarinade beträufeln.

Für 4 Personen
- 200 g helles, festes Fischfilet (z. B. Schellfisch)
- 1 Mango
- 1 rote Zwiebel
- 1 rote Chilischote
- ½ Bund Petersilie oder ¼ Bund Koriandergrün
- Saft von 2 Limetten
- 3–4 EL Olivenöl
- Salz, frisch gemahlener Pfeffer
- Rucola zum Garnieren

Meine Tipps:
- *Dieses Rezept nur mit ganz frischem Fisch zubereiten!*
- *Verwenden Sie nicht zu viel Koriandergrün, der Geschmack wird sonst zu dominant.*

Entenbrust-Grapefruit-Carpaccio

1 Die Entenbrust etwa 30 Minuten lang in den Gefrierschrank legen, damit sie sich leichter schneiden lässt. Die Grapefruits filetieren: Dafür die Schale der Früchte mit einem scharfen Messer rundherum abschneiden, dabei auch die weiße Haut entfernen. Die Grapefruit-Filets zwischen den Trennhäuten herausschneiden. Dabei über einem tiefen Teller arbeiten, damit der Saft aufgefangen wird.

2 Für das Dressing den Koriander in einer Pfanne ohne Fett 2–3 Sekunden rösten, abkühlen lassen und im Mörser fein zerreiben. Mit etwa 50 ml des aufgefangenen Grapefruitsafts, Olivenöl, Honig, Salz und Pfeffer verrühren.

3 Die durchgekühlte Entenbrust mit einem scharfen Messer oder einem Elektromesser in sehr dünne Scheiben schneiden. Die Entenbrustscheiben mit den Grapefruit-Filets auf Tellern anrichten und mit dem Dressing beträufeln.

Mein Tipp: Statt der Grapefruits können Sie auch 2-3 Orangen filetieren oder - besonders hübsch - 2 Sternfrüchte (Karambole) in dünne Scheiben schneiden und mit der Entenbrust anrichten.

Für 4 Personen
- 200 g geräucherte Entenbrust
- Je 1 rosa und 1 weiße Grapefruit

Für das Dressing:
- 1 TL Koriandersamen
- 1 EL Olivenöl
- 1 TL Kastanienhonig
- Salz, frisch gemahlener Pfeffer

Gefüllte Hähnchenfilets

1 Die Paprikaschote grillen, vom Strunk befreien und häuten wie auf S. 114 beschrieben. Das Fruchtfleisch würfeln.

2 Die Hähnchenbrustfilets waschen und trocken tupfen. Quer tief einschneiden, aber nicht ganz durchschneiden und die beiden Hälften wie ein Buch aufklappen. Mit einem Fleischklopfer flach klopfen. Den Bacon klein schneiden. Die Zwiebel abziehen und fein hacken.

3 Das Olivenöl in einer Pfanne erhitzen und Bacon und Zwiebel darin 3–4 Minuten anbraten. Paprikawürfel hinzufügen und mit anbraten. Das Innere der altbackenen Brötchen grob zerzupfen und kurz mit anbraten. Alles gut vermischen, vom Herd nehmen und etwas abkühlen lassen. Den Emmentaler fein würfeln und unter die Masse rühren. Mit Salz abschmecken.

4 Die aufgeklappten Hähnchenfilets leicht salzen und pfeffern. Die Füllmasse darauf verteilen, dabei einen breiten Rand freilassen. Die Filets wieder zuklappen. Mit einem Fleischspieß oder Zahnstochern gut feststecken. Das Olivenöl in einer großen Pfanne bei hoher Temperatur erhitzen und die Hähnchentaschen in 3–4 Minuten von jeder Seite gut anbraten. Die Hitze reduzieren und die Filets weitere 4 Minuten braten. Herd ausschalten, Deckel auflegen und die Rouladen noch etwa 5 Minuten nachgaren lassen.

5 Vor dem Servieren die Spieße entfernen. Die Taschen auf vorgewärmte Teller legen und im Ganzen oder in Scheiben geschnitten servieren.

Für 4 Personen
- 1 rote Paprikaschote
- 4 Hähnchenbrustfilets (à etwa 150 g)
- 50 g Bacon
- 1 Zwiebel
- 4 EL Olivenöl
- 2 altbackene Brötchen (etwa 100 g)
- 100 g Emmentaler
- Salz, frisch gemahlener Pfeffer
- 4 EL Olivenöl zum Anbraten

Mein Tipp: Dazu passt eine scharfe Sauce wie argentinisches Chimichurri (s. S. 176) oder Tigermilch (s. S. 168). Zum Sattwerden gibt es bei mir frisches Weißbrot oder Reis mit Pinienkernen (s. S. 124, für 4 Personen die Mengen halbieren).

Lachsfilet mit Wasabi-Aioli

1 Für das Aioli die Knoblauchzehe abziehen, den Ingwer schälen. Beides fein hacken. Die Mayonnaise zusammen mit der Wasabipaste, Knoblauch, Ingwer und Limettensaft in einem Mixer oder mit dem Pürierstab glatt pürieren.

2 Lachsfilets in mundgerechte Würfel schneiden. Das Olivenöl in einer Pfanne erhitzen und die Filetstücke bei starker Hitze 2–3 Minuten rundherum anbraten, bis sie knusprig und leicht gebräunt sind. Vom Herd nehmen, salzen und pfeffern.

3 Das Lachsfilet auf vorgewärmten Tellern anrichten und mit Aioli und Chimichurri-Sauce servieren. Mit abgezupften Petersilie- und Estragonblättern garnieren. Nach Belieben mit Zitronenscheiben servieren.

Mein Tipp: Servieren Sie unbedingt beide Saucen zu dem Fischfilet: Da das Aioli eher sanft im Geschmack ist und die Chimichurri-Sauce scharf, ergänzen sich die beiden Saucen perfekt.

Für 4 Personen
- 4 Lachsfilets (à etwa 200 g, ohne Haut)
- 3 EL Olivenöl
- Salz, frisch gemahlener Pfeffer

Für das Aioli:
- 1 Knoblauchzehe
- 1 cm Ingwerwurzel
- 150 g Mayonnaise (s. S. 141)
- 1 EL Wasabipaste
- 2 EL Limettensaft
- 1–2 EL Chimichurri-Sauce zum Servieren (s. S. 176)
- Petersilie und Estragon zum Garnieren
- Zitronenscheiben zum Servieren (nach Belieben)

Risotto mit Kürbis und Ricotta

1 Die Zwiebel abziehen und fein hacken. Den Knoblauch abziehen und pressen. Die Tomaten in kleine Stücke schneiden. Die Möhre schälen und in feine Würfelchen schneiden. Den Kürbis schälen, die Kerne entfernen und das Fruchtfleisch in 1 cm große Würfel schneiden.

2 In einer großen Pfanne bei mittlerer Hitze die Butter erhitzen. Zwiebeln und Knoblauch darin goldbraun anbraten. Tomate, Möhre und Kürbis zufügen und so lange dünsten, bis alles von der Butter überzogen ist. Eventuell noch mehr Butter zufügen. Den Reis dazugeben und unter ständigem Rühren erhitzen, der Reis darf nicht am Boden der Pfanne festkleben. Die Temperatur erhöhen.

3 Sobald der Reis glasig wird, mit dem Wermut ablöschen und beständig weiterrühren, bis die Alkoholwolke verflogen ist, und der Reis anfängt zu duften. Die Temperatur reduzieren, der Reis sollte nur noch leise kochen. Dann esslöffelweise die Gemüsebrühe zum Reis geben, dabei ständig rühren. Den nächsten Löffel immer erst dazugeben, wenn die Flüssigkeit vom Reis vollständig aufgenommen wurde. Dabei immer weiterrühren, sonst brennt der Risotto an. Nach 20–25 Minuten sollte der Reis weich sein, aber noch Biss haben.

4 Den Topf vom Herd nehmen. Den Risotto salzen und pfeffern. Den Parmesan reiben und zusammen mit Ricotta, Petersilie und Basilikum unter den Risotto rühren. Den Risotto abdecken und 2 Minuten ruhen lassen. Auf Portionsteller verteilen und mit Safranfäden und einigen Spritzern Olivenöl garniert servieren.

Für 4 Personen
- 1 Zwiebel
- 2 Knoblauchzehen
- 3 getrocknete Tomaten
- 1 Möhre
- 300 g Kürbis (geputzt gewogen, am besten Hokkaido)
- Etwa 80 g Butter
- 400 g Rundkornreis (z. B. Arborio oder Vialone)
- 100 ml weißer Wermut (Cinzano oder Martini)
- 1–1,5 l Gemüsebrühe
- Salz, frisch gemahlener Pfeffer
- 100 g Parmesan
- 200 g Ricotta
- Je 2 EL gehackte Petersilienblättchen und geschnittene Basilikumblätter
- Safranfäden zum Garnieren
- Olivenöl zum Garnieren

Mein vegetarisches Curry

1 Knoblauch und Zwiebel abziehen und fein hacken. Mit einem scharfen Messer die Zitronengrasstange grob hacken. Die Chilischoten entkernen und fein hacken. Die Zucchini waschen, putzen und in feine Streifen schneiden. Die Möhre schälen und ebenfalls in feine Streifen schneiden. Die Okraschoten gut waschen und Stielansatz und Spitzen abschneiden. Die Schoten in dicke Scheiben schneiden.

2 In einer Pfanne das Öl bei mittlerer Temperatur erhitzen. Knoblauch, Zwiebel, Zitronengras und Chili dazugeben und 4–5 Minuten anbraten, bis alles weich und gut vermischt ist. Die Curry-Paste einrühren. Mit Kokosmilch ablöschen, den Zucker zufügen und unterrühren. Mit Fischsauce abschmecken. Zucchini, Möhre, Okraschoten und Bohnensprossen dazugeben und 5–10 Minuten kochen. Das Gemüse sollte nicht zerkochen, sondern noch knackig sein. Warm halten.

3 Den Tofu abtropfen lassen und in mundgerechte Stücke schneiden. Drei tiefe Teller bereitstellen, in den ersten das Mehl geben, im zweiten das Ei verquirlen, in den dritten die Semmelbrösel füllen. In einer Pfanne das Olivenöl erhitzen. Die Tofustücke trocken tupfen. Zunächst in dem Mehl, dann im verquirlten Ei, dann in den Semmelbröseln wenden.

4 Den panierten Tofu in dem heißen Olivenöl in 2–3 Minuten von allen Seiten goldbraun braten. Zum Servieren das Gemüsecurry auf Portionstellern anrichten, die Tofustücke darauf verteilen. Mit Koriander bestreut servieren. Nach Belieben das Curry mit Limettensaft beträufeln. Dazu passt gedämpfter Reis.

Für 4 Personen
- 2 Knoblauchzehen
- 1 Zwiebel
- 1 Stange Zitronengras
- 3 Chilischoten
- 1 Zucchini
- 1 Möhre
- 10 Okraschoten
- 1 TL Pflanzenöl (z. B. Sonnenblumenöl)
- 1 EL grüne oder rote Curry-Paste (Asialaden)
- 400 g Kokosmilch
- 1 EL Roh-Rohrzucker oder Muscovadozucker
- Fischsauce zum Abschmecken (Asialaden)
- 200 g Bohnensprossen (frisch aus dem Asialaden, ersatzweise eingelegt aus dem Glas)
- 200 g Tofu
- 2–3 EL Mehl
- 1 Ei
- Semmelbrösel
- Etwa 3 EL Olivenöl
- Gehacktes Koriandergrün zum Servieren
- Saft von 1 Limette (nach Belieben)

Mein Tipp: Wenn Sie Okraschoten schneiden, wundern Sie sich nicht über den Schleim, den die Schoten absondern, das ist ganz normal. Sie müssen ihn nicht abspülen, er bindet das Gericht ein wenig.

Gebackene Ananas mit Zimt und Muskat

1 Den Backofen auf 180 °C Grillstufe vorheizen. Zucker und Zimt vermischen.

2 Die Ananas putzen: Beide Enden abschneiden, die Schale mit einem Messer abschneiden und alle Augen entfernen. Das Fruchtfleisch mit einem scharfen Messer in vier fingerdicke Scheiben schneiden. Die Ananasscheiben auf ein gefettetes Blech oder in eine gefettete Auflaufform legen.

3 Ananas mit dem Zimtzucker bestreuen. Muskatnuss darüberstreuen. Den Limettensaft auf die Ananasscheiben träufeln. Im vorgeheizten Ofen 15 Minuten unter dem Grill backen, bis der Zucker karamellisiert ist. Nach Belieben mit Sternanis und Zimtstangen garnieren.

Mein Tipp: Im Sommer lege ich die Ananasscheiben gerne mal auf den Grill. Wenn Sie gerade Fleisch gegrillt haben, reinigen Sie das Grillgitter vorher oder legen Sie Alufolie unter.

Für 4 Personen
- 2–3 EL Roh-Rohrzucker
- ½ TL Zimt
- ½ Ananas
- 1 Prise geriebene Muskatnuss
- Saft von 1 Limette
- Sternanis und Stangenzimt zum Garnieren (nach Belieben)

Schokoladentarte mit roten Früchten

1 Eine Springform (Durchmesser 24 cm) fetten. Die Kekse in einen Gefrierbeutel geben und mithilfe eines Nudelholzes zerstoßen. In einem Topf 100 g Butter bei niedriger Temperatur schmelzen. In einer Schüssel die Keksbrümel mit der flüssigen Butter vermischen. Die Mischung in die Springform füllen und gut auf dem Boden andrücken.

2 Die Schokolade in Stücke brechen und mit 50 g Butter im warmen Wasserbad schmelzen lassen. Sahne, Himbeermarmelade und das Eigelb dazugeben. Die Masse 5 Minuten lang im Wasserbad verrühren.

3 Die Schokoladenmasse auf dem Keksboden verteilen. Den Kuchen mindestens 12 Stunden lang im Kühlschrank fest werden lassen.

4 Die Gelatine in kaltem Wasser einweichen. Die Beeren putzen, 200 g Beeren beiseitelegen, die übrigen klein schneiden und in einen Topf geben. 50 g Zucker zufügen und unter Rühren aufkochen lassen. Die Masse vom Herd nehmen und 1 EL Zitronensaft zufügen. Probieren und eventuell noch etwas Zucker zugeben. Die eingeweichte Gelatine in der Beerenmischung unter Rühren auflösen. Die Mischung mit dem Pürierstab glatt pürieren. 100 g ganze Beeren unterrühren. Die Mischung abkühlen lassen und auf der fest gewordenen Tarte verteilen. Die Tarte mindestens 4 Stunden kühl stellen.

5 Vorsichtig den Springformrand entfernen und die Tarte auf eine Platte setzen. Die Oberfläche mit den restlichen 100 g Beeren garnieren.

Für eine Springform (Ø 24 cm)

- Butter für die Form
- 200 g Vollkornkekse
- 150 g Butter
- 200 g Bitterschokolade
- 200 g Sahne
- 200 g Himbeermarmelade
- 1 Eigelb
- 6 Blatt Gelatine
- 700 g Beeren (Himbeeren, Erdbeeren)
- 50–80 g Zucker
- 1 EL Zitronensaft

Meine Tipps:
× Sie können statt einer großen Tarte auch 2–3 kleine Tartes backen (s. Foto).
× Sehr hübsch sieht die Tarte aus, wenn man sie unmittelbar vor dem Servieren mit Puderzucker bestäubt und mit einigen Minze- oder Zitronenmelisseblättchen verziert.

Kirschsuppe mit weißer Schokoladenmousse

1 Für die Suppe die entsteinten Kirschen mit Zucker, Zimtstange und Sternanis in einen Topf geben. Erhitzen und eine halbe Stunde lang leise kochen lassen, dabei ab und zu umrühren. Abkühlen lassen, Gewürze herausnehmen und wegwerfen. Die Kirschsuppe in den Kühlschrank stellen.

2 Für die Mousse die Schokolade zusammen mit der Butter in einem Topf im warmen Wasserbad schmelzen lassen. 3 EL warmes Wasser unterrühren, die Schüssel aus dem Wasserbad nehmen und die Masse abkühlen lassen.

3 Die Eiweiße mit dem Salz steif schlagen. Die Sahne getrennt davon steif schlagen. In einer weiteren Schüssel das Eigelb verrühren, die Schokolade hinzufügen und mit den Quirlen des Handrührgerätes gut verschlagen. Die Sahne unterziehen, den Eischnee vorsichtig unterheben. Die Mousse 3–4 Stunden kalt stellen.

4 Die Suppe in tiefen Tellern anrichten. Mit einem Löffel aus der Schokoladenmousse Nocken abstechen und auf die Suppe geben. Mit Minzeblättern garnieren.

Für 4–6 Personen

Für die Suppe:
- 1 kg Kirschen, entsteint
- 200–300 g Zucker (je nach Süße der Kirschen)
- 1 Zimtstange
- 2 Sternanis

Für die Mousse:
- 300 g weiße Schokolade
- 1 TL Butter
- 2 Eiweiß
- 1 Prise Salz
- 200 g Sahne
- 1 Eigelb
- Minzeblätter zum Garnieren

El Submarino

1 Die Vanillestange aufschlitzen und das Mark herauskratzen. Die Milch mit Vanillemark und -schote in einem Topf erhitzen. Durch ein Sieb in vier große Tassen abgießen.

2 Von der Schokoladentafel vier längliche Rippen abbrechen. Unmittelbar vor dem Servieren die Rippen senkrecht in die Milchtassen stecken. Zucker zum Nachsüßen separat dazu servieren.

Für 4 Personen
- 1 Vanillestange
- 800 ml Milch
- 1 Tafel Schokolade (100 g; Vollmilch- oder Bitterschokolade nach Belieben)
- Zucker zum Servieren

Variante

Das Grundrezept für Submarino lässt sich mit anderen Gewürzen immer wieder abwandeln: Geben Sie statt der Vanilleschote oder zusätzlich eine gute Prise Kardamom, Zimt oder Muskatnuss in die Milch. Ohne Vanille schmeckt die Milch auch mit einer Prise Chili sehr interessant.
Diese heiße Schokolade ist in Argentinien nicht nur bei Kindern sehr beliebt. Der Name ist spanisch und heißt übersetzt »das Unterseeboot«, weil die Schokoladenriegel wie kleine U-Boote in der Milch verschwinden.

Ich koche schnell was.

Rezepte für Vielbeschäftigte

Chakalls Musiktipps

Das Leben ist hektisch genug – hier etwas Musik zum Runterkommen. In meiner Zeit als Journalist gab mir der Songwriter Caetano Veloso ein Interview, das mich sehr beeindruckte. Ein großer Künstler!

- Caetano Veloso // A Foreign Sound
- Andres Calamaro // El Regreso

Camembert mit Honig und rosa Pfeffer

1 Den Backofen auf 180 °C vorheizen. Den Camembert auspacken und ohne Papier wieder zurück in die Holzschachtel legen. Falls kein Camembert in der Holzschachtel zu bekommen ist, den Camembert auf einen tiefen Teller legen.

2 Den Camembert kreuzweise einschneiden und mit dem Honig beträufeln. 8–10 Minuten im Ofen backen, bis er weich ist. Den rosa Pfeffer leicht zerstoßen, sodass die Körner noch weitgehend erhalten bleiben. Über den Camembert streuen.

Für 4 Personen
- 2 x 250 g Camembert in der Holzschachtel
- 2 EL Honig
- 2 EL rosa Pfeffer

Variante
Camembert mit Quitten und Bacon
Camembert kreuzweise einschneiden. In einem Topf 2–3 EL Quittengelee mit 2 EL Wasser verrühren und bei mittlerer Hitze erwärmen. Über den Camembert träufeln und diesen 8–10 Minuten im Ofen backen. In der Zwischenzeit in einer Pfanne 4 Scheiben Bacon in 1–2 EL Olivenöl knusprig braten. Bacon über den gebackenen Käse geben und servieren.

Ricotta-Omelette mit Jalapeños

1 Die Zwiebel abziehen und fein würfeln. Die Zucchini waschen, putzen und in dünne Scheiben schneiden. Die Knoblauchzehen abziehen und durchpressen. Jalapeños waschen, halbieren und entkernen. In Streifen schneiden.

2 In einer beschichteten Pfanne Butter und 2 EL Öl erhitzen. Zwiebel und Knoblauch darin glasig dünsten. Jalapeños zufügen und einige Minuten mit anbraten. Die Zucchinischeiben in die Pfanne geben und unter Rühren andünsten. Mit Salz und Pfeffer würzen.

3 Die Eier mit etwas Salz und Pfeffer leicht verschlagen und den Ricotta unterrühren. Die Eier-Ricotta-Masse über das Gemüse geben und bei mittlerer Hitze stocken lassen. Sobald die Oberfläche gerade fest geworden ist, einen großen flachen Teller auf die Pfanne legen und das Omelette umdrehen. Dabei eventuell vorsichtig mit einem Pfannenwender nachhelfen, falls das Omelette an der Pfanne haftet. Die Pfanne wieder auf den Herd stellen, das restliche Öl darin erhitzen und das Omelette vorsichtig hineingleiten lassen. Von der anderen Seite fertig braten.

4 Das Omelette auf eine große Platte stürzen und mit abgezupften Korianderblättern garnieren. Wie eine Torte in Stücke schneiden und heiß oder warm servieren.

Mein Tipp: Für eine Party das Omelette in Würfel schneiden und Zahnstocher hineinspießen – optimal als Fingerfood!

Für 4 Personen
- 1 Zwiebel
- 3–4 kleine dünne Zucchini (etwa 400 g)
- 2 Knoblauchzehen
- 2 Jalapeños (mittelscharfe Chilischoten)
- 1 EL Butter
- 4 EL Pflanzenöl (z. B. Sonnenblumenöl, Rapsöl)
- Salz, frisch gemahlener Pfeffer
- 6 Eier
- 250 g Ricotta
- 1 Bund Koriandergrün

Provenzalischer Champignonsalat

1 Die Champignons mit Küchenpapier oder einer Gemüsebürste sauber reiben. Pilze nicht waschen, da sie sich mit Wasser vollsaugen und der Salat wässrig werden würde. Den Stielansatz abschneiden und die Champignons vierteln.

2 Die Petersilie waschen, einige Blätter zum Garnieren beiseitelegen. Den Rest in dünne Streifen schneiden. Die Knoblauchzehen abziehen und fein hacken.

3 Alle Zutaten in einer Schüssel vermischen und die Sahne dazugeben. Mit Salz, frisch gemahlenem Pfeffer und Kräutern abschmecken. Den Salat auf Toast oder in Endivienblättern servieren und mit ganzen Petersilienblättchen garnieren.

Für 4 Personen
- 400 g Champignons
- ½ Bund Petersilie
- 4 Knoblauchzehen
- 200 g Sahne
- Salz, frisch gemahlener Pfeffer
- 1 EL Kräuter der Provence
- 4 Scheiben Toast oder 4 schöne große Blätter Endivien- oder Kopfsalat zum Servieren

Hähnchensalat mit Zitronengras

1 Für die Marinade die Knoblauchzehe abziehen und in eine Schüssel pressen. Mit der Sojasauce vermischen. Die Hähnchenbrustfilets in der Marinade wenden und 1 Stunde abgedeckt darin ziehen lassen.

2 Für das Dressing die Kokosmilch in einen Topf geben und bei kleiner Hitze erwärmen. Zucker dazugeben und so lange rühren, bis er sich aufgelöst hat. Den Limettensaft hinzufügen. Mit der Fischsauce abschmecken.

3 Den Kopfsalat putzen und waschen. Die Blätter in Stücke zupfen und in eine Schüssel geben. Die Frühlingszwiebel würfeln und dazugeben. Die Zitronengrasstange mit einem scharfen Messer in sehr kleine Stücke schneiden. Die Paprikaschote waschen, von Strunk und Samen befreien und in breite Streifen schneiden. Die Cashewkerne in einer Pfanne ohne Fett kurz anrösten, bis sie ganz leicht Farbe annehmen. Die Kerne grob hacken.

4 Das Pflanzenöl in einer Pfanne bei mittlerer Temperatur erhitzen und die Hähnchenbrustfilets von jeder Seite anbraten. Die Hitze etwas reduzieren und die Filets in etwa 20 Minuten gut durchbraten. Abkühlen lassen und in fingerdicke Scheiben schneiden.

5 Die vorbereiteten Salatzutaten in die Schüssel geben und vorsichtig vermischen. Auf Portionstellern anrichten. Die Hähnchenbrustscheiben darauf verteilen und das Dressing darüberträufeln. Mit Koriandergrün und Minze garnieren.

Für 4 Personen
- 2 Hähnchenbrustfilets (à etwa 200 g)
- 1 Kopfsalat
- 1 Frühlingszwiebel
- 1 Stange Zitronengras
- 1 rote Paprikaschote
- 100 g Cashewkerne
- 1 EL Pflanzenöl (z. B. Sonnenblumenöl)
- Je 1 EL gehacktes Koriandergrün und geschnittene Minzeblätter zum Servieren

Für die Marinade:
- 1 Knoblauchzehe
- 1 EL dunkle Sojasauce

Für das Dressing:
- 300 ml Kokosmilch
- 1½ EL Roh-Rohrzucker
- Saft von 1 Limette
- Fischsauce zum Abschmecken (Asialaden)

Mozzarella und Zucchini mit Honig-Dressing

1 Für das Dressing die Petersilie fein hacken. Das Olivenöl mit Zitronensaft, Walnussöl, Petersilie und Honig verrühren. Mit Salz abschmecken. Den rosa Pfeffer leicht zerstoßen, sodass die Körner noch weitgehend erhalten bleiben.

2 Die Zucchini waschen, Stiel und Blütenansatz abschneiden. Mit einem Sparschäler in hauchdünne Scheiben schneiden. Den Mozzarella in Würfelchen schneiden oder mit den Fingern in Stücke zupfen.

3 Die Zucchinischeiben auf einer Platte hübsch anrichten und die Mozzarellastückchen darauf verteilen. Salzen. Das Dressing darüberträufeln und mit dem rosa Pfeffer bestreuen. 10 Minuten ziehen lassen und servieren.

Mein Tipp: Nehmen Sie für das Rezept junge, feste Zucchini. Sie sind aromatischer und sehen schöner aus als große Zucchini.

Für 4 Personen
- 300 g Zucchini
- 200 g Mozzarella
- Salz

Für das Dressing:
- 1 EL Petersilienblättchen
- 6 EL Olivenöl
- 2 EL Zitronensaft
- 2 EL Walnussöl
- 2 TL Honig
- Salz
- Rosa Pfeffer zum Garnieren

Kichererbsen-Joghurt-Suppe

1 Die Kichererbsen am Vorabend in 1 l Wasser einweichen. Am nächsten Tag im Einweichwasser in etwa 1 Stunde weich kochen.

2 Die Knoblauchzehen und die Zwiebel abziehen und fein hacken. Das Olivenöl in einem großen Topf bei mittlerer Temperatur erhitzen. Knoblauch und Zwiebeln dazugeben und unter Rühren 8–10 Minuten glasig dünsten.

3 Die abgetropften Kichererbsen, Joghurt und Tahin zufügen. Die Suppe unter Rühren zum Kochen bringen.

4 Mit Kreuzkümmel, Salz und Pfeffer abschmecken. Nach Belieben mit einer gewürfelten Tomate und gehackter Petersilie garnieren.

Für 4 Personen
- 350 g getrocknete Kichererbsen
- 2 Knoblauchzehen
- 1 Zwiebel
- 50 ml Olivenöl
- 300 g Joghurt
- 70 g Tahin (Sesampaste)
- 1 TL gemahlener Kreuzkümmel
- Salz, frisch gemahlener Pfeffer
- 1 Tomate zum Garnieren (nach Belieben)
- Petersilie zum Garnieren (nach Belieben)

Mein Tipp: Wenn es ganz schnell gehen soll, können Sie gegarte Kichererbsen aus der Dose verwenden. Sie brauchen dann etwa 800 g gekochte Kichererbsen.

Kokos-Kürbis-Suppe

1 Den Kürbis je nach Sorte eventuell schälen (Hokkaido-Kürbis kann mit Schale verwendet werden), die Kerne entfernen und das Fruchtfleisch in 2 cm große Würfel schneiden. Zwiebel und Knoblauch abziehen und fein hacken. Die Chilischoten halbieren und entkernen. Das Öl in einem großen Topf bei mittlerer Temperatur erhitzen. Zwiebeln und Knoblauch hineingeben und unter Rühren hellgelb braten.

2 Zitronengrasstangen der Länge nach halbieren, damit sie mehr Aroma abgeben. Zusammen mit Chilischoten und Garnelenpaste zugeben. Die Kürbiswürfel hinzufügen und 1–2 Minuten mitdünsten. Mit Geflügelfond ablöschen. Wenn der Kürbis nach etwa 20 Minuten weich gekocht ist, die Kokosmilch dazugeben und die Suppe noch einmal aufkochen. Zitronengras und Chilischoten mit einer Gabel aus der Suppe entfernen.

3 Die Suppe mit Fischsauce, Limettensaft und Zucker abschmecken. Mit dem Pürierstab oder im Mixer glatt pürieren. Die Suppe in Portionstellern anrichten, die Garnelen hineingeben. Mit frisch gemahlenem Pfeffer und Thai-Basilikum oder Basilikum bestreuen.

Für 4 Personen
- 600 g Kürbis (z. B. Hokkaido; Fruchtfleisch geputzt gewogen)
- ½ Zwiebel
- 3 Knoblauchzehen
- 2 grüne Chilischoten
- 2 EL Pflanzenöl (z. B. Olivenöl, Sonnenblumenöl)
- 2 Stangen Zitronengras
- 1 TL Garnelenpaste (Asialaden, ersatzweise Sardellenpaste)
- Etwa 600 ml Geflügelfond
- 400 ml Kokosmilch
- 2 TL Fischsauce (Asialaden)
- Saft von ½ Limette
- 3 TL Roh-Rohrzucker
- Frisch gemahlener Pfeffer zum Garnieren
- Thai-Basilikum oder Basilikum zum Garnieren

Für die Suppeneinlage:
- 2 EL Pflanzenöl (z. B. Sonnenblumenöl)
- 4 Riesengarnelen, gekocht, ohne Kopf

Fisch auf mediterrane Art

1 Den Backofen auf 200 °C vorheizen. Tomaten waschen, den Stielansatz entfernen. Mozzarella und Tomaten in Scheiben schneiden. Die Knoblauchzehen abziehen und fein hacken.

2 Das Olivenöl in eine feuerfeste Form geben und die Fischfilets hineinlegen. Mit Salz bestreuen. Die Mozzarella- und die Tomatenscheiben auf den Fisch legen. Die Oliven halbieren und darüber verteilen. Mit Oregano bestreuen.

3 Den Fisch 15 Minuten im Ofen backen, bis er gar ist. Mit abgezupften, in Streifen geschnittenen Basilikumblättchen bestreuen und sofort servieren. Dazu frisches Weißbrot reichen.

Für 4 Personen
- 2–3 Tomaten
- 200 g Mozzarella
- 2 Knoblauchzehen
- 4 EL Olivenöl
- 4 Stücke Seelachs- oder anderes festes weißfleischiges Fischfilet ohne Haut (je 200 g)
- Salz
- 2 EL entsteinte, schwarze Oliven
- 2 TL getrockneter Oregano
- 1 Bund Basilikum
- Weißbrot zum Servieren

Meerbarbe mit Basilikumöl im Papier

1 Den Backofen auf 200 °C vorheizen. Acht ausreichend große Bogen Backpapier oder Alufolie doppelt legen.

2 Die Sardellen abtropfen lassen und mit einer Gabel zerkleinern. Mit der Butter gut vermischen. Kalt stellen.

3 Die Basilikumblätter fein schneiden. Mit dem Olivenöl im Mixer oder mit dem Pürierstab pürieren.

4 Jede Meerbarbe auf zwei Lagen Papier oder Folie legen, innen und außen mit dem Zitronensaft beträufeln und mit Salz und frisch gemahlenem Pfeffer würzen. Papier oder Folie zunächst seitlich umschlagen, dann das Blatt über dem Fisch falten und verschließen, sodass keine Flüssigkeit austreten kann. Die Päckchen auf ein Backblech legen. Die Fische im Backofen 15 Minuten backen.

5 In der Zwischenzeit die Sardellenbutter in 8 gleich große Portionen teilen. Kurz vor Ende der Garzeit die Fischpäckchen herausnehmen und öffnen. Je zwei Butterstückchen und die Chilischoten auf jeden Fisch legen, die Päckchen wieder verschließen und im Ofen fertig garen.

6 Die Päckchen aus dem Backofen nehmen und aus dem Papier bzw. der Folie auf vorgewärmte Portionsteller heben. Mit dem in den Päckchen entstandenen Garsud und dem Basilikumöl beträufeln. Dazu passen sehr gut Salzkartoffeln.

Für 4 Personen
- 50 g Sardellen (aus der Dose, ungesalzen)
- 50 g weiche Butter
- 1 Bund Basilikum
- 2 EL Olivenöl
- 4 große Meerbarben (à etwa 250 g, küchenfertig)
- Saft von 1 Zitrone
- Salz, frisch gemahlener Pfeffer
- 3–4 halbierte Chilischoten

Schweinefilet mit Whisky und Süßkartoffeln

1 Den Backofen auf 200 °C vorheizen. Die Süßkartoffeln und die Kartoffeln schälen und in nicht zu dünne Spalten (etwa 1,5 cm dick) schneiden. Ein Backblech mit Olivenöl bepinseln, die Süßkartoffeln darauflegen und mit Öl beträufeln. Salzen und pfeffern. Die Rosmarinzweige dazwischen verteilen. Die Süßkartoffeln im Backofen etwa 50 Minuten garen. Nach 20 Minuten die Kartoffeln zufügen, diese ebenfalls mit Öl beträufeln, salzen und pfeffern. Zwischendurch die Kartoffelspalten wenden.

2 In der Zwischenzeit das Schweinefilet trocken tupfen und in 5 cm dicke Scheiben schneiden. Während der letzten 10 Minuten, in denen die Kartoffeln garen, das Filet zubereiten: Dafür in einer Pfanne das Olivenöl bei hoher Temperatur erhitzen und die Schweinemedaillons von jeder Seite 1 Minute scharf anbraten. Salzen.

3 Die Schweinemedaillons mit dem Whisky ablöschen und das Fleisch kurz im Whisky schwenken. Die Medaillons herausnehmen und auf einer vorgewärmten Platte warm halten. Orangensaft in die Pfanne geben, die Sauce auf etwa die Hälfte einkochen lassen. Mit Salz und Pfeffer abschmecken.

4 Die Medaillons bei Bedarf mit den Thymianzweigen garnieren. Die gebackenen Kartoffeln daneben anrichten.

Variante
Zusätzlich eine Orange filetieren (s. S. 185), und die Orangenfilets in 1 EL Öl und 1 TL Butter anbraten.

Für 4 Personen

Für die gebackenen Kartoffeln:
- 400 g Süßkartoffeln
- 400 g Kartoffeln
- Olivenöl
- Salz, frisch gemahlener Pfeffer
- 5–6 kleine Zweige Rosmarin

Für das Fleisch:
- 600–800 g Schweinefilet (vom dicken Teil des Filets)
- 4 EL Olivenöl
- Salz
- 100 ml Whisky
- Etwa 200 ml frisch gepresster Orangensaft
- Frisch gemahlener Pfeffer
- Thymianzweige zum Garnieren

Mein Tipp: Dieses Rezept besticht durch seine Einfachheit: Wichtig ist dabei die Qualität der Zutaten. Kaufen Sie gutes Bio-Schweinefleisch beim Metzger und nehmen Sie qualitativ hochwertiges Olivenöl.

Pute mit Thai-Basilikum und Cashewkernen

1 Putenschnitzel in 1 cm breite Streifen schneiden. Knoblauch abziehen und hacken. Lauchzwiebeln waschen und mit Grün schräg in Röllchen bzw. Scheibchen schneiden. Chilischoten halbieren, entkernen und fein würfeln. Koriander und Thai-Basilikum waschen und fein hacken. Einige Blätter ganz lassen.

2 Die Nudeln nach Packungsanleitung kochen.

3 Das Öl in einer mittelgroßen Pfanne oder einem Wok bei mittlerer Temperatur erhitzen. Lauchzwiebeln, Chili und Knoblauch glasig dünsten. Die Putenbruststreifen zufügen und unter ständigem Rühren 5 Minuten von allen Seiten gut anbraten, bis sich die Putenstreifen bräunlich färben. Mit der Fischsauce abschmecken.

4 Cashewkerne, Koriander und Thai-Basilikum dazugeben und alles rasch verrühren. Nudeln und Fleisch auf Portionstellern anrichten und mit dem Limettensaft beträufelt servieren.

Für 4 Personen

- 800 g Putenschnitzel
- 4 Knoblauchzehen
- 4 Lauchzwiebeln
- 2 grüne Chilischoten
- 1 Bund Koriandergrün
- 1 Bund Thai-Basilikum
- 250 g getrocknete asiatische Eiernudeln (Asialaden)
- 4 EL Erdnuss- oder Sonnenblumenöl
- Fischsauce zum Abschmecken
- 100 g Cashewkerne, gesalzen
- Saft von 1 Limette

Gebackene Erdbeeren mit Mascarpone

1 Den Backofen auf 160 °C vorheizen.

2 Den Honig mit dem Zitronensaft verrühren. Ein etwa 2 m langes Stück Alufolie abreißen und in vier gleich große Stücke schneiden. Die Stücke doppelt legen, damit sie stabiler werden.

3 Die Erdbeeren abspülen, trocken tupfen und putzen. Auf die Folienstücke verteilen. Mit der Honig-Zitronensaft-Mischung beträufeln. Die Erdbeerpäckchen schließen und 12 Minuten im vorgeheizten Backofen garen. Kurz vor Ende der Garzeit die Päckchen herausnehmen, öffnen und den Mascarpone auf den Erdbeeren verteilen. Die Päckchen oben offen lassen und weiterbacken, bis der Mascarpone leicht gebräunt ist.

4 Nach Belieben mit Zimtstangen oder Zitronenmelisse-blättchen garniert servieren.

Für 4 Personen
- 50 g Honig
- Saft von ½ Zitrone
- 200 g Erdbeeren
- 100 g Mascarpone
- Zimtstangen oder Zitronenmelisse zum Garnieren (nach Belieben)

Ananas-Carpaccio mit Koriander und Ingwer

1 Für die Marinade Koriandergrün waschen, Ingwer schälen. Einige Blättchen Koriander zum Garnieren beiseitelegen. Übrigen Koriander und Ingwer fein hacken. Den Zucker in einem Topf mit 50 ml Wasser, Zimtstange, Zitronenschale, Koriander und Ingwer vermischen. Bei mittlerer Hitze kurz aufkochen lassen. Hitze herunterschalten und die Sauce etwa 10 Minuten einkochen lassen.

2 Von der Ananas beide Enden abschneiden. Mit einem scharfen Messer schälen, Augen und harte Stellen entfernen. Die Ananas mit einem scharfen Messer in hauchdünne Scheiben schneiden.

3 Die Ananasscheiben auf Portionstellern anrichten und mit der Sauce beträufeln. Mit den beiseitegelegten Korianderblättern garnieren. Den rosa Pfeffer grob zerstoßen, sodass die Körner noch weitgehend intakt sind. Über das Ananas-Carpaccio streuen.

Für 4 Personen
- ½ Ananas
- 1 EL rosa Pfeffer zum Garnieren

Für die Marinade:
- 1 kleine Handvoll Koriandergrün
- ½ cm Ingwerwurzel
- 50 g Zucker
- 1 Zimtstange
- Abgeriebene Schale von 1 Bio-Zitrone

Honig-Bananen mit Nüssen

1 Die Bananen schälen und der Länge nach halbieren. Mandeln und Walnusskerne mit Zucker und Honig vermischen.

2 Die Mandel-Zucker-Mischung auf den Bananen verteilen und mithilfe einer Gabel gut andrücken. In einer Pfanne die Butter erhitzen. Die Bananen von einer Seite kurz anbraten, dann mit zwei Gabeln vorsichtig umdrehen und von der anderen Seite so lange braten, bis der Zucker karamellisiert ist. Das dauert etwa 2 Minuten.

3 Die Bananen auf Tellern anrichten und nach Belieben mit Sternanis garnieren.

Mein Tipp: Sie können die Bananen auch gut auf dem Grill zubereiten. In diesem Fall werden sie natürlich nicht geschält und nur auf der Schalenseite gegrillt.

Für 4 Personen
- 4 kleine aromatische Bio-Bananen
- 50 g gemahlene Mandeln
- 50 g gemahlene Walnusskerne
- 1–2 EL Muscovadozucker
- 1 EL Honig (z. B. Akazienhonig)
- 2 EL Butter
- Sternanis zum Dekorieren (nach Belieben)

Amor, amor

Rezepte für ein Dinner zu zweit

Chakalls Musiktipps

Wollen Sie jemanden umgarnen, gibt es kaum eine wirkungsvollere Musik als die sanften spanisch-kubanischen Klänge von Bebo Valdes und Diego El Cigala. Es sei denn, Sie legen etwas von Serge Gainsbourg auf.

- Bebo & Cigala // Lagrimas Negras
- Serge Gainsbourg // Couleur Café

Hot Baby Hot

1 Die Erdbeeren putzen und in kleine Würfel schneiden. Die Ingwerwurzel schälen und fein reiben. Die Chilischote entkernen und fein hacken.

2 Erdbeeren, Ingwer und Chilischote zusammen mit Rum, Limettensaft, 100 ml Wasser, etwas zerstoßenem Eis und 2 EL Zucker in einen Mixer geben und die Mischung gut pürieren.

3 In Gläser füllen und servieren.

Mein Tipp: Für eine alkoholfreie Variante können Sie statt dem weißen Rum auch die gleiche Menge Sodawasser nehmen.

Für 2 Personen
- 250 g Erdbeeren
- ½ cm Ingwerwurzel
- ½ rote Chilischote
- Saft von ½ Limette
- 50 ml weißer Rum
- 2 EL Zucker

Rehrücken-Carpaccio mit Feigen und Rucolablüten

1 Den Backofen auf 160 °C vorheizen. Das Filetstück mit Salz und Pfeffer würzen. Das Sonnenblumenöl in einer Pfanne erhitzen und das Filetstück darin rundherum etwa 2–3 Minuten lang anbraten. Fleisch aus der Pfanne nehmen, in Alufolie wickeln und im heißen Backofen noch etwa 10 Minuten ziehen lassen.

2 In der Zwischenzeit die Feigen waschen und vierteln. Rucolablätter und -blüten waschen und trocken tupfen.

3 Das Fleisch aus dem Ofen nehmen, auswickeln und mit einem scharfen Messer in möglichst dünne Scheiben schneiden. Es soll innen noch rosa sein.

4 Die Fleischscheiben auf Portionstellern arrangieren. Feigen und Rucolablätter und -blüten daneben anrichten. Aus Essig, Walnussöl und etwas Salz eine Marinade rühren und das Carpaccio damit beträufeln. Etwas Pfeffer darübermahlen.

Für 2 Personen
- 300 g Rehrückenfilet
- Salz, frisch gemahlener Pfeffer
- 2 EL Sonnenblumenöl
- 4 frische Feigen
- Rucolablätter und Rucolablüten zum Garnieren (nach Belieben)
- 1 EL Balsamico-Essig
- 2 EL Walnussöl

Meine Tipps:
- *Wenn Sie das gegarte Rehfilet für etwa 30 Minuten tiefkühlen, können Sie es anschließend ganz dünn schneiden.*
- *Für ein superschnelles Carpaccio ersetzen Sie den Rehrücken durch den besten Schinken, den Sie finden können, etwa Pata Negra. Lassen Sie ihn hauchdünn aufschneiden!*
- *Rucola können Sie selber im Garten oder in einem Balkontopf aussäen und mehrmals ernten. Manche Gemüsehändler bieten ihn auch im Topf an. Nach einigen Wochen trägt er würzige Blüten.*

Basilikum-Panna-Cotta

1 Die Basilikumblätter mit 1 TL Olivenöl im Mixer oder mit einem Pürierstab zu einer Paste pürieren. Gelatine 10 Minuten in kaltem Wasser einweichen.

2 Die Sahne in einen Topf geben und zum Kochen bringen. Die Basilikumpaste dazugeben und verrühren. Mit Salz und Pfeffer abschmecken und 3 Minuten leise kochen lassen.

3 Die Gelatine gut ausdrücken und unter Rühren in der heißen Sahne auflösen. Vom Herd nehmen und etwa 5 Minuten ziehen lassen. Die Masse in Förmchen (à 125 ml Inhalt) füllen, mit Frischhaltefolie abdecken und 3–4 Stunden, besser über Nacht, im Kühlschrank fest werden lassen.

4 Vor dem Servieren die Förmchen in ein in heißes Wasser getauchtes Küchentuch wickeln. Den Rand mit einem kleinen Messer lösen. Die Panna Cotta auf Dessertteller stürzen. Mit den Basilikumblättern garnieren und nach Belieben mit Olivenöl beträufeln.

Für 2 Personen
- 3 EL geschnittene Basilikumblätter plus einige Blätter zum Garnieren
- 1 TL Olivenöl
- 2 Blatt weiße Gelatine
- 200 g Sahne
- Salz, frisch gemahlener Pfeffer
- Olivenöl zum Servieren

Dazu passt gut:

meine Tomaten-Oliven-Sauce

Die Schalotten abziehen und in kleine Würfel schneiden. Die Kirschtomaten und die Tomate halbieren. Die Oliven halbieren. In einer Pfanne das Olivenöl erhitzen. Die Schalotten darin kurz anbraten. Tomaten und Oliven hinzufügen und 3–4 Minuten dünsten. Mit dem Essig ablöschen und die Sauce etwas einkochen lassen. Mit Salz und Zucker abschmecken. Lauwarm oder kalt zur Panna Cotta servieren.

- 2 Schalotten
- 50 g Kirschtomaten
- 1 gelbe Tomate
- 30 g schwarze Oliven, ohne Stein
- 2 EL Olivenöl
- 2 EL Balsamico-Essig
- Salz
- 1 EL Roh-Rohrzucker

Bloody-Mary-Suppe

1 Die Tomaten einige Sekunden lang in kochendes Wasser tauchen, herausnehmen und häuten. Stielansatz entfernen. Tomaten halbieren, entkernen und in Würfel schneiden.

2 Tomatenwürfel und Tomatensaft in einen Topf geben. Bei mittlerer Hitze etwa 3 Minuten leise kochen lassen. Worcestersauce, Balsamico-Essig und Limettensaft dazugeben und aufkochen lassen. Die Hitze reduzieren. Nach Belieben mit Tabasco, Salz und frisch gemahlenem Pfeffer abschmecken. Den Wodka dazugeben, die Suppe aber nicht mehr kochen lassen.

3 Für die Croûtons das Weißbrot in Würfel schneiden. Die Knoblauchzehe halbieren und mit den Hälften eine Pfanne ausreiben. Knoblauchzehe wegwerfen. Das Olivenöl in die Pfanne geben und bei mittlerer Temperatur erhitzen. Die Weißbrotwürfel darin braten, bis sie goldbraun sind.

4 Die Suppe auf Schalen verteilen, jeweils 1 EL griechischen Joghurt in die Mitte geben. Die Croûtons darüberstreuen. Mit Sesamsamen und Zitronengrasstangen garnieren.

Für 2 Personen
- 3 Tomaten
- ½ l Tomatensaft
- 1 EL Worcestersauce
- 1 EL Balsamico-Essig
- Saft von 1 Limette
- 1–2 Spritzer Tabasco (nach Belieben)
- Salz, frisch gemahlener Pfeffer
- 2 EL Wodka

Für die Croûtons:
- 2 Scheiben Toastbrot
- 1 Knoblauchzehe
- ½ TL Olivenöl
- 2 EL griechischer Joghurt zum Servieren
- Sesamsamen zum Garnieren
- Zitronengras zum Garnieren

Kastaniensuppe mit rosa Pfeffer

1 Den Staudensellerie waschen, die Fäden abziehen und die Stangen in grobe Stücke schneiden. Dabei einige schöne Blättchen zum Dekorieren beiseitelegen. Zusammen mit dem Geflügelfond und den Kastanien in einen Topf geben und zum Kochen bringen.

2 In der Zwischenzeit die Kardamomkapseln öffnen und die Samen herausnehmen. In einem Mörser fein zerreiben. Zusammen mit etwas Salz zum Geflügelfond geben.

3 Einen Deckel auflegen und die Hitze reduzieren. Die Suppe etwa 25 Minuten leise kochen lassen, bis die Kastanien weich sind. Sellerie und Maronen aus dem Sud nehmen und in den Mixer geben. Glatt pürieren. Esslöffelweise so viel Kochflüssigkeit unterrühren, dass die Suppe eine cremige Konsistenz bekommt.

4 Die Suppe in einen Topf umfüllen und die Sahne zugeben. Nochmals aufkochen lassen und mit Salz und frisch gemahlenem Pfeffer abschmecken. Den rosa Pfeffer grob zerstoßen. Die beiseitegelegten Sellerieblätter in Streifen schneiden. Die Suppe mit Selleriegrün und rosa Pfeffer bestreuen und servieren.

Für 2 Personen
- ¼ Staudensellerie (etwa 3–4 Stangen)
- Etwa ½ l Geflügelfond
- 400 g geschälte Esskastanien (Maronen; vorgekocht und vakuumiert)
- 2 Kardamomkapseln
- Salz
- 200 g Sahne
- Frisch gemahlener Pfeffer
- 1 TL rosa Pfeffer zum Garnieren

Variante
Als Suppeneinlage schmecken gebratene Steinpilze oder Pfifferlinge: Pro Person etwa 50 g geputzte Pilze in 1 EL Butter anbraten, mit etwas gehackter Petersilie vermischen und vor dem Servieren in die Suppe geben.

Lachs aus dem Ofen mit Zitronengras und Lauch

1 Den Backofen auf 200 °C vorheizen. Den Lauch putzen, die Stange längs vierteln und unter kaltem Wasser abspülen. Trocken tupfen und in feine Streifen schneiden. Die Hälfte der Koriander- oder Petersilienblätter hacken.

2 In einem Topf 2 EL Butter bei mittlerer Temperatur erhitzen. Die Lauchstreifen darin unter Rühren weich dünsten. Beiseitestellen.

3 Acht ausreichend große Bogen Pergamentpapier doppelt legen. Je ein Lachsfilet auf zwei Lagen Pergamentpapier legen. Den Fisch mit ganzen und gehackten Kräuterblättchen und den Lauchstreifen bedecken. Je 1 EL Butter auf den Fisch geben. Das überstehende Papier nach oben falten. Das Olivenöl auf den Fisch träufeln. Das Zitronengras längs halbieren und je eine halbe Stange auf die Fischfilets legen. Mit Salz und frisch gemahlenem Pfeffer bestreuen. Die Päckchen gut verschließen, sodass keine Flüssigkeit austreten kann.

4 Die Päckchen auf ein Backblech legen und im Backofen 15–20 Minuten backen. Die Fischpäckchen verschlossen servieren – so können sich die Aromen beim Öffnen voll entfalten. Dazu passt am besten flaumig-weiches Weißbrot.

Mein Tipp: In meinem Restaurant in Portugal habe ich vor dem Braten über den Fisch noch gerne etwas Currypulver gestreut. Das gibt ein unglaubliches Aroma!

Für 2 Personen
- ½ Stange Lauch
- 2 EL Koriandergrün oder Petersilienblättchen
- 4 EL Butter
- 2 Scheiben Lachsfilet (à etwa 200 g)
- 4 EL Olivenöl
- 1 Stange Zitronengras
- Salz, frisch gemahlener Pfeffer

Schweinefilet in Portwein-Sauce

1 Den Backofen auf 190 °C vorheizen. Kartoffeln schälen und in Würfel schneiden. In eine feuerfeste Form geben und mit 2 EL Olivenöl vermischen. Rosmarin dazugeben. Salzen, pfeffern und etwa 35 Minuten im Ofen backen, bis die Kartoffeln gar sind.

2 Das Schweinefilet in 3 cm dicke Scheiben schneiden. In einer Pfanne das Olivenöl bei hoher Temperatur erhitzen. Die Knoblauchzehe halbieren und zugeben. Kurz mitbraten und wieder entfernen. Die Schweinemedaillons in dem Öl von allen Seiten gut anbraten. Mit dem Portwein ablöschen. Die Medaillons herausnehmen, salzen und auf einer Platte warm stellen. Die Sauce so lange leise kochen lassen, bis sie etwas eingedickt ist. Mit Salz und Pfeffer abschmecken.

3 Die Schweinefilets mit der Sauce und den gebackenen Rosmarin-Kartoffeln servieren, eventuell mit einem frischen Rosmarinzweig garnieren.

Für 2 Personen
- 300 g Schweinefilet
- 2 EL Olivenöl
- 1 Knoblauchzehe
- 100 ml Portwein
- Salz, frisch gemahlener Pfeffer
- Rosmarin zum Garnieren (nach Belieben)

Für die gebackenen Kartoffeln:
- 300 g Kartoffeln
- 2 EL Olivenöl
- 2–3 TL Rosmarinnadeln
- Salz, frisch gemahlener Pfeffer

Entenbrustfilet mit Mango und rosa Pfeffer

1 Die Mango schälen und das Fruchtfleisch in länglichen Schnitzen vom Kern schneiden.

2 Mit einem scharfen Messer die Haut der Entenbrustfilets mehrmals rautenförmig einschneiden, dabei nicht in das Fleisch schneiden. Die Entenbrustfilets mit der Haut nach unten in eine gusseiserne oder beschichtete Pfanne legen. Kein Fett beigeben – beim Braten tritt genügend Fett aus den Filets aus. Filets salzen und zunächst bei niedriger Temperatur 6–8 Minuten braten, dabei geben die Filets viel Fett ab. Dann bei hoher Temperatur 2 Minuten scharf anbraten. Filets wenden und von der anderen Seite 2 Minuten scharf anbraten. Die Hitze reduzieren und das Fleisch aus der Pfanne nehmen. Mit Alufolie abgedeckt 10 Minuten ruhen lassen.

3 1–2 EL Entenfett abnehmen. Das restliche Fett bei mittlerer Temperatur erhitzen und die Mangostücke 3–5 Minuten lang darin andünsten. Portwein zugießen und die Sauce etwas einkochen lassen. Die Pfanne vom Herd nehmen.

4 Den Pfeffer grob zerstoßen, sodass die Körner noch weitgehend intakt sind. Zu der Sauce in die Pfanne geben und kurz mitkochen. Die Filets in 2 cm dicke Scheiben schneiden und kurz in der Sauce erwärmen. Zusammen mit den Mangostücken auf vorgewärmte Teller legen. Die kalte Butter mit einem Schneebesen in die Sauce rühren. Sauce über Fleisch und Mangostücke träufeln.

Mein Tipp: Dazu passt ein frischer Salat oder Kartoffelpüree.

Für 2 Personen
- ½ Mango
- 2 Entenbrustfilets (à etwa 200 g)
- Salz
- 40 ml Portwein
- 1 EL rosa Pfeffer
- 1 EL kalte Butter

Köstliche Feigen mit Honig

1 Den Backofen auf 180 °C vorheizen. Die Feigen waschen, abtrocknen und längs halbieren.

2 Die Vanillestange mit einem scharfen Messer halbieren und das Mark herauskratzen. Den Honig mit dem Vanillemark und dem Cognac verrühren und das Fruchtfleisch der Feigen damit bestreichen. In jede Feigenhälfte einen Walnusskern stecken.

3 Die Feigen auf ein Backblech oder in eine Auflaufform geben und im Ofen 10–15 Minuten backen.

Für 2 Personen
- 2 Feigen
- ½ Vanillestange
- 1 EL Honig
- 1 EL Cognac
- 4 Walnusskerne

Dazu passt gut:
Chili-Limetten-Sorbet

1 Die Chilischote entkernen und sehr fein hacken. Den Zucker zusammen mit 50 ml Wasser in einem kleinen Topf bei mittlerer Hitze 2–3 Minuten zu Sirup kochen.

2 Den Zuckersirup abkühlen lassen, bis er lauwarm ist, dann mit Chili, Joghurt, Limettensaft und Limettenschale verrühren und eine halbe Stunde ziehen lassen. In eine verschließbare Schüssel füllen und 6 Stunden im Tiefkühlgerät gefrieren lassen, dabei alle 2 Stunden mit einer Gabel durchrühren.

Für 2 Personen
- ½ rote Chilischote
- 50 g Zucker
- 250 g griechischer Joghurt
- Saft und abgeriebene Schale von 1 Bio-Limette

Mein Tipp: Mit der ausgekratzten Vanillestange können Sie ganz einfach selber Vanillezucker herstellen: Dazu einfach die halbe Vanillestange zusammen mit 250 g Zucker in ein Glas mit Schraubverschluss geben und 2-3 Wochen ziehen lassen. Wenn Sie mehr Vanillestangenreste haben, die Zuckermenge entsprechend erhöhen.

Sommerlicher Käsekuchen

1 Die Butterkekse in einen Gefrierbeutel geben und mithilfe eines Nudelholzes zerstoßen. In eine Schüssel geben. Die Butter auf dem Herd bei niedriger Temperatur oder in der Mikrowelle zerlassen und mit den Keksbrümeln vermischen. Die Keks-Butter-Mischung als Kuchenboden in eine Springform (Durchmesser 20 cm) geben und fest andrücken. Zum Festwerden in den Kühlschrank stellen.

2 Die Sahne steif schlagen, zum Schluss die Hälfte des Zuckers unterschlagen. Den Frischkäse unterrühren. Die Gelatine 10 Minuten in kaltem Wasser einweichen.

3 Die Gelatine aus dem Wasser nehmen, tropfnass in einen kleinen Topf geben und auf dem Herd bei niedriger Temperatur, besser noch im Wasserbad, erhitzen. Unter ständigem Rühren auflösen. Die Gelatine darf nicht zu heiß werden, da sie sonst nicht mehr geliert. Ist die Gelatine flüssig, 1–2 EL von der Sahnecreme dazugeben und alles gut verrühren. Die Gelatine-Sahne-Mischung unter die restliche Creme ziehen. Etwa 5 Minuten ruhen lassen. In die Springform auf den Boden geben und glatt streichen. Den Kuchen im Kühlschrank mindestens 4 Stunden fest werden lassen.

4 In der Zwischenzeit die Erdbeeren putzen und vierteln. Mit dem restlichen Zucker, Zitronensaft und -schale vermischen und im Mixer oder mit dem Pürierstab glatt pürieren. Den Kuchen vorsichtig aus der Form lösen und nach Belieben mit einigen frischen Erdbeeren garnieren. In Portionsstücke schneiden und mit der Erdbeersauce servieren.

Für 1 kleine Springform (Ø 20 cm)

Für den Boden:
- 200 g Butterkekse mit Schokoladenüberzug
- 100 g Butter

Für die Füllung:
- 100 g Sahne
- 100 g Zucker
- 200 g Doppelrahm-Frischkäse
- 2 Blatt Gelatine
- 300 g frische Erdbeeren plus einige zum Garnieren nach Belieben
- 1 TL Zitronen- oder Limettensaft
- Etwas abgeriebene Zitronen- oder Limettenschale

Ein Grund zu feiern

Rezepte für Picknick & Party

Chakalls Musiktipps

Diese Musik sorgt für Stimmung bei Picknick und Party: Die französische Reggaeband Massilia Sound System und die südamerikanischen Stars Los Fabulosos Cadillacs bringen Ihre Gäste garantiert zum Tanzen.

- Massilia Sound System // Aïollywood
- Los Fabulosos Cadillacs // La Luz Del Ritmo

Daiquiris

Erdbeer-Ingwer-Daiquiri

1 Erdbeeren unter fließendem Wasser abspülen, trocken tupfen und putzen. Den Ingwer schälen und fein hacken.
2 Erdbeeren mit dem Crushed Ice im Mixer oder mit dem Pürierstab pürieren. In einen Shaker geben und Ingwer, Rum, Limettensaft, Zucker und 200 ml Wasser hinzufügen. Alles gut schütteln und in Gläser füllen. Mit Strohhalmen servieren.

Für 8 Personen
- 500 g Erdbeeren
- 1 cm Ingwerwurzel
- 200 g Eis (Crushed Ice)
- 16 cl Rum
- Saft von 2 Limetten
- 4 TL Zucker

Ananas-Daiquiri

1 Von der Ananas beide Enden abschneiden. Schale und Augen mit einem scharfen Messer entfernen. Das Fruchtfleisch in kleine Stücke schneiden, dabei den harten inneren Kern wegwerfen. Die Minzeblätter abzupfen und grob schneiden, dabei einige schöne Blättchen zum Dekorieren beiseitelegen.
2 Ananas, Minze, Rum, Zucker und Limettensaft in einen Mixer geben. Das Eis hinzufügen und alles gut mixen. Die Konsistenz soll etwas körnig sein. Nach Belieben nachsüßen.
3 Den Cocktail in Gläser gießen und mit den restlichen Minzeblättern garnieren.

Für 8 Personen
- ½ Ananas (etwa 400 g Fruchtfleisch)
- 1 Bund Minze
- 16 cl weißer Rum
- Etwa 1 EL Zucker
- Saft von ½ Limette
- 200 g Eis (Crushed Ice)

Litschi-Daiquiri

1 Litschis, Rum und Eis im Mixer pürieren. Zitronensaft zugeben. Den Ingwer schälen, klein schneiden und in der Knoblauchpresse ausdrücken. Den so gewonnenen Saft unterrühren.
2 Den Cocktail in Gläser gießen.

Für 8 Personen
- 400 g Litschis (geputzt gewogen)
- 16 cl weißer Rum
- 200 g Eis (Crushed Ice)
- Saft von ½ Zitrone
- 3 cm Ingwerwurzel

Pita

1 Die Hefe in 30 ml lauwarmem Wasser auflösen. Mehl, Salz, Olivenöl und die Hefe mit 130 ml Wasser in eine Schüssel geben. In der Küchenmaschine oder mit den Knethaken des Handrührgeräts schnell zu einem glatten Teig kneten.

2 Eine Schüssel mit Mehl ausstäuben und den Teig hineinlegen. Mit Frischhaltefolie abdecken und 1 Stunde gehen lassen. Den Teig aus der Schüssel nehmen und in sechs Portionen teilen. Diese 10 Minuten ruhen lassen.

3 Die Teigstücke mit einem Nudelholz ausrollen, bis sie eine ovale Form haben und etwa 5 Millimeter dick sind. Die Teigfladen auf ein bemehltes Tuch legen, mit Frischhaltefolie abdecken und 30 Minuten gehen lassen. Ein Backblech mit Olivenöl bepinseln. Den Backofen auf 250 °C vorheizen und das geölte Backblech einschieben. Wenn das Blech heiß ist, die Pita-Brote (höchstens drei auf einmal) auf das Blech legen und 10 Minuten backen. Das Blech vor jedem weiteren Backgang erneut mit Olivenöl bepinseln.

Für 6 Brote
- ½ Päckchen Trockenhefe
- 250 g Mehl
- 1 TL Salz
- 1 EL Olivenöl
- Mehl für die Arbeitsfläche
- Olivenöl für das Backblech

Foto Seite 94

Naan-Brot mit Knoblauch

1 Die Korianderblätter fein hacken, den Knoblauch abziehen und pressen. Das Mehl mit dem Backpulver mischen und in eine Schüssel geben. Zucker, Salz und Hefe hinzufügen. In die Mitte eine Vertiefung drücken und Knoblauch, Koriander, Öl und Joghurt dazugeben. Alles gut vermischen. Milch und 150 ml lauwarmes Wasser nach und nach dazugeben, bis ein weicher Teig entstanden ist. Eventuell noch etwas mehr Wasser hinzufügen.

2 Den Teig auf einer bemehlten Arbeitsfläche etwa 2 Minuten gut durchkneten. Eine Kugel formen und den Teig zurück in die Schüssel legen. Die Schüssel abdecken und den Teig an einem warmem Ort 15 Minuten gehen lassen. Den Teig auf einer bemehlten Arbeitsfläche erneut gut durchkneten. In sechs gleich große Stücke teilen und diese abgedeckt 5 Minuten gehen lassen.

3 Den Backofengrill vorheizen. Ein Backblech einfetten und in den Ofen schieben. Die Teigportionen mit einem Nudelholz etwa 5 mm dick zu ovalen Fladen ausrollen. Die Naanbrote auf das Backblech legen, ausreichend Platz zwischen den Broten lassen, am besten nur drei Brote auf ein Blech legen. Die Brote 3 Minuten backen, dann vorsichtig wenden und von der anderen Seite 3 Minuten goldbraun backen. Die Brote aus dem Ofen nehmen und mit Öl bepinseln. Die fertigen Brote abdecken, damit sie warm bleiben, und die restlichen Brote backen.

Für 6 Brote
- 4 EL Koriandergrün
- 2 Knoblauchzehen
- 120 g Vollkornmehl
- 350 g Mehl
- 1 TL Backpulver
- 1 TL Zucker
- 1 TL Salz
- 1 Päckchen Trockenhefe
- 2 EL Pflanzenöl
- 150 g Naturjoghurt
- 150 ml lauwarme Milch
- Mehl für die Arbeitsfläche
- Öl für das Backblech und zum Einpinseln der Brote

Foto Seite 94

Focaccia

1 Mehl und Salz in eine Schüssel sieben, in die Mitte eine Vertiefung drücken. In einer Tasse die Hefe mit Zucker in 250 ml lauwarmem Wasser auflösen. Hefemischung in die Vertiefung geben und mit etwas Mehl verrühren.

2 Die Knoblauchzehen abziehen und pressen, die Oliven klein schneiden. Knoblauch, 2 EL Rosmarin, Oliven und 3 EL Olivenöl zum Teig geben und gründlich unterkneten. Etwa 10 Minuten lang zu einem glatten Teig kneten, bei Bedarf noch etwas Wasser zugeben. Den Teig mit Frischhaltefolie abgedeckt 60 Minuten gehen lassen, bis er sein Volumen verdoppelt hat.

3 Den Teig halbieren und zu zwei länglichen Fladen ausrollen. Auf mit Öl eingefettete Backbleche legen und mit den Fingerspitzen 1 cm große Dellen in die Fladen drücken. Die Fladen zugedeckt nochmals 30 Minuten gehen lassen. Den Backofen auf 200 °C vorheizen.

4 Die Teigfladen mit 1 EL Olivenöl bestreichen und mit getrocknetem Rosmarin bestreuen. Im vorgeheizten Ofen 20–25 Minuten backen. Nach dem Backen die Oberfläche der Fladen sofort mit dem restlichen Olivenöl einpinseln.

Für 2 große Fladen
- 500 g Weizenmehl Type 550
- 2 TL Salz
- 1 Würfel Frischhefe (42 g)
- ½ TL Zucker
- 4 Knoblauchzehen
- 10 schwarze Oliven, entsteint
- 2 EL getrockneter Rosmarin plus etwas Rosmarin zum Bestreuen
- 6 EL Olivenöl

Chipa – Argentinisches Käsegebäck

1 Den Backofen auf 200 °C vorheizen. Das Maniokmehl mit dem Backpulver vermischen und in eine Schüssel sieben. Den Käse grob reiben.

2 Butter, Eier, Salz und Käse vermischen. Die Mehlmischung und die Milch zugeben und zu einem glatten, formbaren Teig verkneten. Mit Frischhaltefolie abgedeckt 20 Minuten ruhen lassen.

3 Aus dem Teig gut walnussgroße Kugeln formen und auf ein mit Backpapier belegtes Backblech legen. Im vorgeheizten Backofen auf der mittleren Schiene etwa 15–20 Minuten backen.

Für 50 Stück
- 500 g Maniokstärkemehl (Polvilho Azedo; in brasilianischen Läden)
- ½ TL Backpulver
- 250 g würziger Schnittkäse (z. B. mittelalter Gouda)
- 100 g weiche Butter
- 3 Eier
- ½ TL Salz
- Knapp 250 ml Milch

Foto Seite 94

Butter-Varianten

Etwa 400 g zimmerwarme Butter mit der Gabel in einer Schüssel zerdrücken und eine der folgenden Zutatenmischungen unterrühren. In Alufolie eingerollt 2 Stunden kalt stellen. Zum Servieren in Scheiben schneiden.

Mit Petersilie und Knoblauch
1 Bund Petersilie waschen und trocken tupfen. Die Blättchen abzupfen, mit 3 geschälten Knoblauchzehen fein hacken und unter die Butter rühren. Mit Salz und frisch gemahlenem Pfeffer abschmecken.

Mit Chili und Koriander
1–2 rote Chilischoten halbieren, entkernen und sehr fein hacken. 1 Bund Koriandergrün waschen, trocken tupfen und die Blättchen abzupfen. Den Koriander fein hacken und mit Chili, Salz und Pfeffer unter die Butter rühren.

Mit Sardellen
30 g Sardellen abtropfen lassen und mit der Gabel gut zerdrücken. Die Buttermischung mit Salz und Pfeffer abschmecken.

Mit Paprika und Zitronengras
1 TL Paprikapulver edelsüß unter die Butter rühren. 1 Stange Zitronengras mit einem scharfen Messer sehr fein hacken und mit der Butter verrühren.

Hähnchenspieße mit Erdnuss-Kokos-Dip

1 Den Backofengrill vorheizen. Knoblauch und Zwiebeln abziehen und fein würfeln. Die Chilischoten entkernen und würfeln. Mit einem scharfen Messer den weißen Teil der Zitronengrasstangen abschneiden und grob hacken.

2 In einer Pfanne das Öl erhitzen. Knoblauch, Zwiebeln, Chili und Zitronengras dazugeben und 4–5 Minuten unter ständigem Rühren andünsten. Die Kokosmilch dazugeben und 2 Minuten leise kochen lassen. Kaffir-Limettenblätter, Currypaste, Erdnussbutter, Tamarindensaft und Limettensaft hinzufügen und gut vermischen. Die Mischung 2–3 Minuten lang kochen lassen. Mit Fischsauce und Zucker abschmecken. Die Kaffir-Limettenblätter entfernen. Den Dip abkühlen lassen, in hübsche Portionsschälchen umfüllen und vor dem Servieren mit Koriandergrün garnieren.

3 Für die Spieße die Hähnchenbrustfilets und das Fruchtfleisch der Ananas in mundgerechte Stücke schneiden. Hähnchenfleisch leicht salzen und pfeffern. Fleisch und Ananas abwechselnd auf 16 Grillspieße stecken. Mit Sesamöl einpinseln. Die Spieße auf ein mit Alufolie ausgelegtes Backblech legen. Unter dem Backofengrill von jeder Seite 4 Minuten braten, bis die Oberfläche goldbraun wird. Die Spieße mit dem Dip servieren. Dazu passt sehr gut Jasmin- oder Basmatireis.

Mein Tipp: Für Vegetarier bestücken Sie die Spieße mit Tofu und Gemüsestücken, z.B. Zucchini, Kirschtomaten, Gemüsepaprika.

Für 8 Personen

Für den Dip:
- 4 Knoblauchzehen
- 2 Zwiebeln
- 2–3 Chilischoten
- 4 Stangen Zitronengras
- 2 EL Sonnenblumenöl
- 400 ml Kokosmilch
- 4 Kaffir-Limettenblätter
- 4 EL Currypaste (Asialaden)
- 200 g Erdnussbutter
- 2 EL Tamarindensaft (Asialaden)
- Saft von 2 Limetten
- Fischsauce zum Abschmecken (Asialaden)
- 2 EL Roh-Rohrzucker
- Koriandergrün zum Garnieren

Für die Spieße:
- 7 Hähnchenbrustfilets (à etwa 200 g)
- 600 g Ananas (geputzt gewogen)
- Salz, frisch gemahlener Pfeffer
- Sesamöl zum Einpinseln

Empanadillas

1 Den Backofen auf 180 °C vorheizen. TK-Blätterteig 10 Minuten auftauen lassen. Jede Blätterteigplatte auf einer leicht bemehlten Arbeitsfläche auf die Größe von etwa 20 x 20 cm ausrollen. Aus jeder Teigplatte mithilfe einer Tasse 4 Kreise (Durchmesser 10 cm) ausstechen.

2 Je 1 EL Füllung in die Mitte der Teigkreise setzen, dabei einen breiten Rand freilassen. Kreise zu Halbkreisen zusammenklappen, die Ränder mit einer Gabel zusammendrücken. Die Teigtäschchen mit etwas Abstand auf gefettete Backbleche setzen. Eigelb mit Milch verquirlen und die Taschen damit bestreichen. 12–15 Minuten im vorgeheizten Ofen backen, bis die Teigtaschen goldbraun sind.

... mit würziger Fleischfüllung

1 Knoblauchzehen und Zwiebel abziehen und fein hacken. Die Paprikaschote waschen, putzen und fein würfeln. Die Eier pellen und würfeln.

2 In einer großen Pfanne das Olivenöl bei mittlerer Temperatur erhitzen. Knoblauch und Zwiebeln unter Rühren anbraten, bis die Zwiebeln glasig sind. Paprikaschote zufügen. Alles gut verrühren. Das Hackfleisch dazugeben und unter Rühren anbraten, bis es gar ist. Mit Salz, Pfeffer, Kreuzkümmel, Chili und Oregano abschmecken. Abkühlen lassen und die Flüssigkeit abgießen. Die Eierwürfel untermischen.

Weitere Füllungen Seite 102

Für 24 Stück

Grundrezept:
- 450 g Fertig-Blätterteig (6 Blatt; TK oder Kühlregal)
- 1 Rezept Füllung (siehe unten)
- Mehl für die Arbeitsfläche
- Butter für die Backbleche
- 1 Eigelb und 2 EL Milch zum Bestreichen
- Chili-Pfeffer-Sauce zum Servieren (s. S. 120)

- 2 Knoblauchzehen
- 1 große Zwiebel
- ½ rote Paprikaschote
- 2 hart gekochte Eier
- 2 EL Olivenöl
- 350 g Rinderhackfleisch
- Salz, frisch gemahlener Pfeffer
- ½ TL gemahlener Kreuzkümmel
- ½ TL Chilipulver
- ½ TL Oregano

... mit Tomaten-Mozzarella-Füllung

Den Mozzarella gut abtropfen lassen und fein würfeln. Tomaten waschen, Stielansatz entfernen, das Fruchtfleisch würfeln. Die Basilikumblätter abzupfen, waschen und klein zupfen. Alle Zutaten gut vermischen und mit Salz und Pfeffer abschmecken.

- 100 g Büffelmozzarella
- 2 Tomaten
- 1 Bund Basilikum
- Salz, frisch gemahlener Pfeffer

... mit Zwiebel-Käse-Füllung

Die Zwiebeln würfeln. Das Olivenöl in einer Pfanne bei mittlerer Temperatur erhitzen und die Zwiebeln darin glasig braten. Wenn die Zwiebeln etwas braun werden, den Zucker dazugeben. Die Hitze reduzieren und die Zwiebeln 4–5 Minuten anbraten, bis der Zucker karamellisiert. Die Zwiebeln vom Herd nehmen. Den Brie in kleine Würfel schneiden. Die Walnusskerne grob hacken. In einer Schüssel die abgekühlten Zwiebeln mit den Walnusskernen vermischen. Zwiebel-Nuss-Mischung auf die Teigtaschen setzen und jeweils ein Stück Brie darauflegen.

- 4 große Zwiebeln
- 2 EL Olivenöl
- 3 EL Zucker
- 200 g Briekäse
- 8 Walnusskerne

... mit Thunfisch, Paprika und Rosinen

Die Paprikaschoten wie auf S. 114 beschrieben im Ofen rösten. Die Haut abziehen, das Fruchtfleisch würfeln. Die Zwiebel abziehen und fein würfeln. Den Thunfisch abtropfen lassen. In einer Pfanne das Olivenöl bei mittlerer Temperatur erhitzen und die Zwiebeln goldbraun anbraten. Den Thunfisch dazugeben und 4–5 Minuten anbraten. Die Paprikastücke hinzufügen und andünsten. Rosinen untermischen, mit Salz und Pfeffer würzen.

- 2 rote Paprikaschoten
- 1 große Zwiebel
- 300 g Thunfisch (aus der Dose; im eigenen Saft)
- 2 EL Olivenöl
- 75 g Rosinen
- Salz, frisch gemahlener Pfeffer

Auberginen-Orangen-Chutney mit Koriander

1 Koriander, Kreuzkümmel und Pfeffer im Mörser grob zerstoßen. Auberginen waschen, putzen und in 1 cm große Würfel schneiden. Zwiebeln und Knoblauchzehen abziehen und fein hacken. Die Chilischoten waschen, entkernen und in kleine Würfel schneiden. Die Orangenschale abreiben, den Saft auspressen.

2 Alle vorbereiteten Zutaten zusammen mit Essig, Zucker und Salz in einen großen Topf geben. Langsam erhitzen und unter ständigem Rühren leise kochen lassen, bis sich der Zucker aufgelöst hat. Etwa 1 Stunde weiterkochen lassen, bis das Chutney eine sehr dicke Konsistenz angenommen hat. Dabei gelegentlich umrühren und darauf achten, dass die Mischung nicht anbrennt.

3 Wenn die Mischung die gewünschte Konsistenz erreicht hat, das Chutney in sterilisierte, vorgewärmte Gläser füllen, mit Schraubdeckeln verschließen und abkühlen lassen. An einem kühlen, dunklen Ort lagern. Das Chutney ist etwa ein Jahr lang haltbar.

Varianten
Nehmen Sie für das Chutney Ihre Lieblingsgewürze: Statt Koriander und Kreuzkümmel schmecken zum Beispiel auch Fenchelsamen oder frisch geriebener Ingwer sehr gut.

Für 4–5 Gläser à 250 g
- 1 EL Koriandersamen
- 1 EL Kreuzkümmel
- 1 TL schwarze Pfefferkörner
- 650 g Auberginen
- 200 g rote Zwiebeln
- 200 g weiße Zwiebeln
- 4 Knoblauchzehen
- 3 frische rote Chilischoten
- 1 große Bio-Orange
- 400 ml Obstessig
- 150 g Roh-Rohrzucker
- 1 EL Salz

Foto Seite 105

Mango-Chutney

1 Die größeren Trockenfrüchte wie Aprikosen, Datteln oder Pfirsiche in 1 cm große Stücke schneiden. Mangos schälen, das Fruchtfleisch vom Stein schneiden und würfeln. Zwiebel und Knoblauchzehen abziehen und fein hacken. Ingwer schälen und fein schneiden. Chilischote waschen, entkernen und fein hacken.

2 Alle vorbereiteten Zutaten zusammen mit Zucker, Salz und Essig in einen großen Topf geben. Die Mischung zum Kochen bringen. Die Temperatur reduzieren und das Chutney etwa 30 Minuten leise kochen lassen, bis es dick eingekocht ist. Dabei gelegentlich umrühren, damit es nicht anbrennt.

3 Das heiße Chutney in sterilisierte, vorgewärmte Gläser abfüllen, mit Schraubdeckeln verschließen und abkühlen lassen. An einem kühlen, dunklen Ort lagern. Das Chutney ist etwa ein Jahr lang haltbar.

Für 4–5 Gläser à 250 g
- 350 g gemischte Trockenfrüchte (wie Aprikosen, Feigen, Datteln, Pfirsiche, Rosinen)
- 750 g Mangos
- 1 große Zwiebel
- 4 Knoblauchzehen
- 30 g frischer Ingwer
- 1 frische rote Chilischote
- 320 g Roh-Rohrzucker
- 1 TL Salz
- 500 ml Obstessig

Limettenchutney

1 Die Limetten gut waschen, abtrocknen und die Schale fein abreiben. Die Limetten mit der weißen Haut in feine Scheiben schneiden. Limettenscheiben und abgeriebene Schale in ein großes Glas schichten und jede Lage mit Salz bestreuen. Das Glas mit einem Deckel oder Plastikfolie abdecken und schütteln, damit sich das Salz verteilt. Die Limetten an einem dunklen, kühlen Ort 48 Stunden lang ziehen lassen. Dabei das Glas gelegentlich leicht schütteln.

2 Die Salz-Limetten zusammen mit Rosinen und Sultaninen grob hacken. Knoblauchzehen abziehen, Ingwerwurzel schälen und beides fein hacken.

3 Das Erdnussöl in einer Pfanne stark erhitzen. Kreuzkümmel, Koriander, Senfkörner, Chilipulver, Pfeffer, Knoblauch und Ingwer hineingeben und anbraten, bis die Gewürze aromatisch duften. Sie dürfen nicht anbrennen, sonst werden sie bitter. Limetten, Rosinen und Sultaninen dazugeben. Weinessig und Zucker hinzufügen.

4 Unter Rühren kochen lassen, bis sich der Zucker aufgelöst hat. Die Hitze reduzieren und das Chutney 1–1,5 Stunden leise kochen lassen, dabei gelegentlich umrühren.

5 Das Chutney sofort in sterilisierte Gläser mit Schraubverschluss füllen, Deckel fest zudrehen und die Gläser umdrehen. Auf dem Deckel stehend erkalten lassen. Kühl und dunkel aufbewahren. Vor dem Verzehr mindestens 3 Wochen durchziehen lassen, damit die Limettenschalen weich werden. Das Chutney ist etwa ein Jahr lang haltbar.

Für 4–5 Gläser à 250 g
- 10 reife Bio-Limetten (etwa 950 g)
- 3 EL Salz
- Je 100 g Rosinen und Sultaninen
- 5 Knoblauchzehen
- 6 cm Ingwerwurzel
- 3 EL Erdnussöl
- 2 TL gemahlener Kreuzkümmel
- 1 TL gemahlene Koriandersamen
- 1 TL schwarze Senfkörner
- ½ TL Chilipulver
- ½ TL gemahlener schwarzer Pfeffer
- 120 ml Weinessig
- 500 g Muscovadozucker

Foto Seite 105

Feigenchutney

1 Feigen waschen, Zwiebeln abziehen, den Apfel schälen und vom Kerngehäuse befreien. Alles in Würfel schneiden.

2 Das Olivenöl in einer Pfanne erhitzen und Zwiebeln und Apfel goldbraun anbraten. Die getrockneten Feigen, Cidre-Essig, Rotwein, etwas Salz und Pfeffer hinzufügen und verrühren. Die Hitze reduzieren und das Chutney etwa 7 Minuten leise kochen lassen, bis die Feigen auseinanderfallen. Dabei gelegentlich umrühren.

3 Die frischen Feigen hinzufügen und nochmals 3 Minuten leise kochen lassen. Das Chutney vom Herd nehmen, mit Salz und Pfeffer abschmecken und heiß oder kalt servieren.

4 Für den Vorrat das heiße Chutney in sterilisierte Gläser mit Schraubverschluss füllen, Deckel fest zudrehen und die Gläser umdrehen. Auf dem Deckel stehend erkalten lassen. Beschriften und kühl und dunkel aufbewahren. Das Chutney ist etwa ein Jahr lang haltbar.

Mein Tipp: Das Feigenchutney schmeckt sehr gut zu den gefüllten Hähnchenfilets (s. S. 20).

Für 4–5 Gläser à 250 g
- 10 frische Feigen
- 5 Zwiebeln
- 2 Äpfel
- 125 ml Olivenöl
- 15 getrocknete Feigen
- 100 ml Cidre-Essig
- 250 ml Rotwein
- Salz, frisch gemahlener Pfeffer

Foto Seite 105

Birnenröllchen mit Brie, Pinienkernen und Honig

1 Den Backofen auf 170 °C vorheizen. Die Zwiebel abziehen und fein würfeln. Die Birnen schälen, vom Kerngehäuse befreien und in kleine Würfel schneiden. Die Pinienkerne in einer Pfanne ohne Fett goldbraun anrösten.

2 50 g Butter zusammen mit dem Honig in einer Pfanne bei niedriger Temperatur unter Rühren erhitzen, bis sich der Honig aufgelöst hat. Bei mittlerer Hitze unter Rühren 3–4 Minuten weiterkochen, bis die Mischung etwas karamellisiert ist.

3 Die Zwiebeln dazugeben und goldbraun anbraten. Die Birnen zufügen. Bei mittlerer Hitze die Masse etwas eindicken lassen. Pinienkerne unterrühren, vom Herd nehmen und mindestens eine halbe Stunde abkühlen lassen. Den Brie in mundgerechte Würfel schneiden und mit den abgekühlten Birnen vermischen. Mit Salz und Pfeffer abschmecken.

4 Jedes Filoteigblatt in 6 gleich große Stücke schneiden. Die restliche Butter in der Mikrowelle oder auf dem Herd schmelzen lassen und die Teigblätter damit einpinseln, ein wenig Butter zurückbehalten. Auf das untere Ende der Blätter jeweils 2 TL Füllung geben. Die Seiten der Blätter einschlagen, dann die Röllchen von unten nach oben aufrollen. Die Rollen in eine gefettete, feuerfeste Form legen, mit der restlichen Butter bestreichen. 7–10 Minuten im Ofen backen, bis der Teig braun und knusprig ist.

Für 24 Stück
- 1 Zwiebel
- 4 aromatische Birnen (z. B. reife Williams-Christ-Birnen)
- 100 g Pinienkerne
- 100 g Butter
- 1 EL Honig
- 200 g Briekäse
- Salz, frisch gemahlener Pfeffer
- 4 Filoteigblätter (jeweils 40 x 42 cm groß; aus dem türkischen Lebensmittelladen)

Pfirsich-Roquefort-Päckchen mit Walnüssen

1 Ofen auf 180 °C vorheizen. Die Pfirsiche waschen, vierteln und vom Stein befreien. Ein etwa 2 m langes Stück Alufolie abreißen und doppelt legen. In vier gleich große Stücke schneiden. Die Pfirsiche auf den Alublättern verteilen.

2 Den Roquefort in kleine Würfel schneiden. Die Walnusskerne grob hacken. Käse und Nüsse über den Pfirsichen verteilen. Mit dem Zucker bestreuen. Nach Belieben einen Thymianzweig darauflegen. Die Päckchen verschließen.

3 Pfirsiche 15 Minuten im Ofen backen, bis der Käse weich geworden ist. Die Pfirsiche auf Portionstellern anrichten und mit grob gestoßenem rosa Pfeffer bestreut servieren.

Mein Tipp: Wenn Sie im Sommer etwas Besonderes grillen wollen, probieren Sie es mit diesen fruchtigen Käsepäckchen!

Für 8 Personen
- 8 Pfirsiche
- 200 g Roquefort
- 100 g Walnusskerne
- 2 EL Roh-Rohrzucker
- 8 Zweige Thymian (nach Belieben)
- Rosa Pfeffer zum Garnieren

Spinatsalat mit Schafskäse und Walnüssen

1 Den Spinat gründlich waschen, verlesen und trocken schleudern. Dabei grobe Stiele entfernen und größere Blätter in Stücke zupfen.

2 Bacon in 2 cm lange Streifen schneiden und in einer Pfanne in 1 EL Olivenöl knusprig ausbraten. Den Bacon aus der Pfanne nehmen. Die Walnusskerne grob hacken, das restliche Öl in der Speckpfanne erhitzen und die Nüsse darin kurz anrösten.

3 Bananen schälen, längs halbieren und in halbe Scheiben schneiden. Den Schafskäse grob würfeln. Für das Dressing alle Zutaten gut verrühren. Mit Salz und Pfeffer abschmecken.

4 Spinat, Bacon, Walnusskerne, Schafskäse und Bananen in einer Schüssel vorsichtig vermischen. Das Dressing separat dazu reichen.

Für 8 Personen
- 500 g Babyspinat
- 100 g Bacon
- 2 EL Olivenöl
- 100 g Walnusskerne
- 2 Bananen
- 200 g Schafskäse

Für das Dressing:
- 8 EL Olivenöl
- 2 EL Dijon-Senf
- 2 EL Honig
- 4 EL Weißweinessig
- Salz, frisch gemahlener Pfeffer

Mein Tipp: Wenn Sie den Salat nicht zum Picknick mitnehmen, sondern am Tisch servieren, richten Sie ihn auf Portionstellern an und bestreuen ihn mit Bacon, Walnusskernen und Bananen. Mit dem Dressing beträufeln und servieren. Statt der Bananen passen auch klein geschnittene Äpfel oder Granatapfelkerne gut dazu.

Italienische Tomaten-Paprika-Suppe

1 Den Backofengrill auf 160 °C vorheizen, der Ofen muss ganz heiß sein. Die Paprikaschoten mit 1 EL Olivenöl bepinseln und auf ein Backblech legen. Im vorgeheizten Ofen ungefähr 10 Minuten grillen, bis sich die Haut an einigen Stellen dunkel färbt und Blasen wirft. Die Schoten in einem Gefrierbeutel oder in einer mit Frischhaltefolie bedeckten Schüssel auskühlen lassen. Durch dieses »Schwitzen« lässt sich die Haut leichter entfernen. Wenn die Paprikaschoten abgekühlt sind, die Haut abziehen, die Schoten aufschneiden und von Strunk und Samen befreien. Das Fruchtfleisch in schmale Streifen schneiden.

2 Die Tomaten einige Sekunden lang in kochendes Wasser tauchen, herausnehmen und häuten. Stielansatz entfernen. Tomaten halbieren, entkernen und klein schneiden.

3 In einem breiten Topf das restliche Olivenöl bei mittlerer Temperatur erhitzen. Den Knoblauch dazugeben und unter Rühren anbraten. Die Tomaten zufügen. Mit Salz und Pfeffer würzen und unter gelegentlichem Rühren 4–5 Minuten dünsten. Das Tomatenmark und 300 ml Wasser hinzufügen und alles 30 Minuten leise kochen lassen.

4 Die Paprikastücke zufügen und nochmals 5 Minuten kochen lassen. Die Suppe portionsweise im Mixer oder mit dem Pürierstab glatt pürieren. Die Sahne zugeben und die Suppe nochmals erhitzen. Mit Salz und Pfeffer abschmecken, eventuell mit etwas Zucker zu viel Säure ausgleichen. Die Suppe heiß oder kalt servieren. Den Feta zerbröseln und auf die Suppenteller verteilen. Mit Basilikum garnieren.

Für 4 Personen
- 2 rote Paprikaschoten
- 3 EL Olivenöl
- 700 g reife Tomaten
- 1 Knoblauchzehe, fein gehackt
- Salz, frisch gemahlener Pfeffer
- 1 TL Tomatenmark
- 200 g Sahne
- Etwas Zucker
- 100 g Feta
- Einige Blätter frisches Basilikum zum Garnieren

Mein Tipp: Die Paprikaschoten können wie in Schritt 1 schon am Vortag gegrillt und dann im Kühlschrank aufbewahrt werden. Dann wird die Suppe am nächsten Tag umso schneller fertig.

Fleischbällchen mit Aprikosensauce

1 Für die Hackfleischbällchen den Lauch putzen: Die Enden abschneiden, die Stange der Länge nach vierteln und unter kaltem Wasser waschen. Den Lauch in kleine Würfel schneiden. Koriander oder Petersilie waschen, trocken tupfen und hacken.

2 Hackfleisch, Lauch, Reis, Eier, Mehl und Koriander gut vermischen. Mit Salz und frisch gemahlenem Pfeffer abschmecken. Aus der Masse golfballgroße Bällchen formen. Die Bällchen leicht mit Mehl bestäuben. In einer Pfanne Butter und Olivenöl bei mittlerer Temperatur erhitzen. Die Fleischbällchen darin von allen Seiten gut anbraten. Die Pinienkerne in einer Pfanne ohne Fett 3–4 Minuten rösten.

3 Für die Sauce die Aprikosen waschen, trocken tupfen und vom Stein befreien. Das Fruchtfleisch würfeln. Die Zwiebel abziehen und fein hacken. Die Knoblauchzehen abziehen und pressen. In einer Pfanne das Olivenöl bei mittlerer Temperatur erhitzen. Aprikosen, Zwiebel und Knoblauch in die Pfanne geben und alles weich dünsten. Den Koriander zufügen. Vom Herd nehmen und im Mixer oder mit dem Pürierstab pürieren, bis eine dicke Sauce entsteht. Zitronensaft und -schale und den Weißwein zufügen und gut verrühren. Mit der gehackten Chilischote und mit Salz abschmecken.

4 Die Hackfleischbällchen mit der Sauce servieren und mit den Pinienkernen garnieren.

Für etwa 24 Bällchen
- 2 Stangen Lauch
- ½ Bund Koriandergrün oder Petersilie
- 500 g Rinderhackfleisch
- 1 EL gekochter Reis
- 2 Eier
- 4 EL Mehl plus Mehl zum Bestäuben
- Salz, frisch gemahlener Pfeffer
- 75 g Butter
- 1 TL Olivenöl
- 2 EL Pinienkerne zum Garnieren

Für die Sauce:
- 150 g Aprikosen
- ½ Zwiebel
- 5 Knoblauchzehen
- 1 EL Olivenöl
- 1 EL gehacktes Koriandergrün
- 1 TL Zitronensaft
- Abgeriebene Schale von ½ Bio-Zitrone
- 3 EL Weißwein
- ½ rote Chilischote
- Salz

Variante

mit Aprikosen aus der Dose:

½ gehackte Zwiebel und 2 gepresste Knoblauchzehen in 3 EL Olivenöl anbraten. 150 g abgetropfte Aprikosen zugeben. 5 cm Zitronengrasstange und 1–2 Kaffir-Limetten-blätter zugeben und alles weich dünsten. Die Gewürze wieder entfernen und die Sauce glatt pürieren. Die abgeriebene Schale von 1 Limette und 2–3 EL Limettensaft zugeben, mit Salz und Pfeffer abschmecken.

Ente und Quitten am Spieß

1 Den Backofen auf 200 °C vorheizen. Entenbrustfilet in mundgerechte Würfel schneiden. Zwiebeln abziehen und vierteln. Die Viertel in einzelne Schalen teilen und diese in mundgerechte Stücke schneiden. Quitten abreiben, vierteln und vom Kerngehäuse befreien. In Würfel schneiden. Die Pilze putzen und eventuell halbieren, wenn sie zu groß sind.

2 Aus einem langen Stück Alufolie ein Päckchen formen und die Quittenstücke hineinlegen. Das Päckchen verschließen und die Quitten 20 Minuten im Ofen backen.

3 In der Zwischenzeit die Marinade zubereiten. Dazu Honig, Sojasauce, Sesamöl und Gewürze verrühren. Die Quitten aus dem Ofen nehmen und abkühlen lassen. Quitten, Fleischstücke, Zwiebeln und Pilze in eine Schüssel geben und mit der Marinade beträufeln. In den Kühlschrank stellen und mindestens 1 Stunde ziehen lassen.

4 Auf Metall- oder Holzspieße abwechselnd Entenfilet, Quitte, Pilze und Zwiebeln aufspießen und auf dem Grill oder in der Grillpfanne von allen Seiten gut anbraten. Mit gedämpftem Reis servieren.

Für 8 Personen
- 800 g Entenbrustfilet ohne Haut
- 2 rote Zwiebeln
- 2–3 Quitten
- 200 g Shiitakepilze

Für die Marinade:
- 3 TL Honig
- 3 TL dunkle Sojasauce
- 3 TL Sesamöl
- 1 EL Fünf-Gewürze-Mischung
- Frisch gemahlener Pfeffer

Mein Tipp: Wenn Sie das Rezept außerhalb der Quittensaison zubereiten wollen, können Sie statt Quitten auch Ananas nehmen. Dann einfach eine frische Ananas schälen, etwa 400 g Fruchtfleisch in mundgerechte Würfel schneiden und für die Spieße verwenden.

Hähnchen mit Honig und Süßkartoffelpüree

1 Den Backofen auf 200 °C vorheizen. Süßkartoffeln, Kartoffeln und Äpfel schälen und in Schnitze schneiden. Auf ein Backblech legen und im vorgeheizten Backofen 20–25 Minuten weich backen. Den Apfelsaft erwärmen. Kartoffeln, Süßkartoffeln und Äpfel mit dem Pürierstab pürieren, dabei den Apfelsaft einlaufen lassen. Salzen und warm halten.

2 Die Hähnchenbrustfilets trocken tupfen. Die Eier in einer Schüssel verquirlen. Die Semmelbrösel auf einen Teller geben. Das Fleisch zuerst im Ei, dann in den Semmelbröseln wenden.

3 Öl und Butterschmalz in einer Pfanne bei mittlerer Temperatur erhitzen. Die panierten Hähnchenbrustfilets von allen Seiten goldbraun braten.

4 Die Hähnchenfilets auf Portionstellern anrichten und mit Honig beträufeln. Dazu das Püree reichen. Mit Zitronenspalten und Schnittlauch servieren.

Dazu passt
meine Chili-Pfeffer-Sauce
1 Die Zwiebel abziehen und fein hacken. Die Chilischote halbieren, entkernen und fein hacken. Die Gewürze im Mörser fein zerstoßen. Koriandergrün hacken.
2 Alle Zutaten im Mixer oder mit dem Pürierstab glatt pürieren. Mit Reisessig, Sojasauce und Fischsauce abschmecken. Nach Belieben noch Zucker hinzufügen. Die Chilisauce hält sich etwa einen Monat im Kühlschrank.

Für 4 Personen
- 300 g Süßkartoffeln
- 200 g Kartoffeln
- 2 Äpfel (z. B. Braeburn)
- 120 ml naturtrüber Apfelsaft
- Salz
- 4 Hähnchenbrustfilets (à etwa 200 g)
- 2 Eier
- 160 g Semmelbrösel
- 2 EL Pflanzenöl
- 2 EL Butterschmalz
- Honig
- 1 Zitrone (zum Servieren)
- Schnittlauch (zum Servieren)

- 1 Zwiebel
- 1 rote Chilischote
- 1 EL schwarzer Pfeffer
- 1 EL grüner Pfeffer, getrocknet
- 1 EL frischer grüner Pfeffer, eingelegt
- 1 TL rosa Pfeffer
- 1 EL Koriandersamen
- 2 EL Koriandergrün
- Je 1 EL Reisessig, helle Sojasauce und Fischsauce zum Abschmecken
- Etwa 1 TL Zucker (nach Belieben)

Argentinisches Chili con Carne

1 Die getrockneten schwarzen Bohnen in 1,5 l Wasser über Nacht einweichen. Am nächsten Tag im Einweichwasser etwa 1 Stunde lang bissfest kochen. Abgießen.

2 Knoblauch und Zwiebeln abziehen und fein hacken. Die Paprikaschoten waschen, putzen und das Fruchtfleisch in Würfel schneiden. Die Tomaten häuten (s. S. 133), entkernen und das Fruchtfleisch würfeln.

3 In einem breiten Topf das Olivenöl bei mittlerer Temperatur erhitzen. Knoblauch, Zwiebeln und Paprika darin 4–5 Minuten anbraten, bis das Gemüse weich wird. Das Hackfleisch dazugeben und unter ständigem Rühren anbraten, bis es Farbe annimmt.

4 Abgetropfte Bohnen, Tomaten, Tomatenmark und Gewürze dazugeben. Mit der Fleischbrühe aufgießen und 15–20 Minuten leise kochen lassen, bei Bedarf noch Brühe zugeben. Mit Salz, frisch gemahlenem Pfeffer und dem Chimichurri abschmecken.

Für 8 Personen
- 500 g getrocknete schwarze Brasil-Bohnen (ersatzweise 800 g schwarze Bohnen aus der Dose)
- 2 Knoblauchzehen
- 2 Zwiebeln
- 2 grüne Paprikaschoten
- 2 rote Paprikaschoten
- 4 Tomaten
- 4 EL Olivenöl
- 1,25 kg Rinderhackfleisch
- 2 TL Tomatenmark
- 1 TL gemahlener Kreuzkümmel
- 1 TL Paprikapulver
- 1 TL Chilipulver
- Etwa 400 ml Fleischbrühe
- Salz, frisch gemahlener Pfeffer
- 3–4 EL Chimichurri (s. S. 176)

Meine Tipps:
- *Ich serviere zum Chili con Carne gern gedämpften Reis, den ich kurz vor dem Auftragen mit abgezupften Korianderblättern mische.*
- *Das Chili kann auch ganz einfach vegetarisch zubereitet werden: Ersetzen Sie das Hackfleisch durch Auberginen, Zucchini und Möhren und lassen Sie das Gemüse genauso lang kochen wie das Chili mit Fleisch.*

Tandoori-Hähnchen mit Pinienkernreis

1 Den Backofen auf 200 °C vorheizen. Den Joghurt mit Tandoori-Masala, Zitronenschale und -saft verrühren. Mit Salz und frisch gemahlenem Pfeffer abschmecken.

2 Die Hähnchenschenkel mit der Mischung einpinseln. In eine feuerfeste Form legen und im vorgeheizten Ofen 60 Minuten garen. Mit Koriandergrün garnieren.

3 Während das Hähnchen im Ofen ist, den Reis zubereiten. Den Langkornreis nach Packungsanweisung garen. In einem großen Topf bei mittlerer Temperatur die Butter zerlassen und die Pinienkerne darin hellbraun rösten. Die Petersilie zugeben und den gegarten Reis darin schwenken. In einer vorgewärmten Schüssel servieren.

Mein Tipp: Tandoori-Masala können Sie selbst mischen – besser als jede gekaufte Gewürzmischung! Meine Spezialmischung: 2 TL Kurkuma, je 1 TL gemahlener Kreuzkümmel, gemahlene Koriandersamen, gemahlener Kardamom, gemahlene Senfkörner, edelsüßes Paprikapulver, frisch gemahlener schwarzer Pfeffer sowie eine gute Prise Muskatnuss.

Für 8 Personen
- 500 g Naturjoghurt
- 8 TL Tandoori-Masala (Asialaden; siehe auch Tipp)
- Schale und Saft von 1 Bio-Zitrone
- Salz, frisch gemahlener Pfeffer
- 8 Hähnchenschenkel (à etwa 200 g)
- Koriandergrün zum Garnieren

Für den Reis:
- 500 g Langkornreis
- 2 EL Butter
- 4–5 EL Pinienkerne
- 3 EL Petersilienblättchen, gehackt

Mango-Kokos-Crumble

1 Den Backofen auf 200 °C vorheizen. Die Mango schälen, das Fruchtfleisch vom Stein schneiden und würfeln. In einer Schüssel die Mango mit Muscovadozucker, Zitronensaft und Rum gut vermischen.

2 Für die Streusel Butter in eine Schüssel geben. Zucker, Mehl und Kokosraspel dazugeben. Mit den Fingerspitzen zu Streuseln verarbeiten.

3 Eine Auflaufform fetten und die Mangomischung hineingeben. Mit den Streuseln bedecken und im Backofen etwa 25 Minuten backen, bis die Streusel sich hellbraun färben. Den Crumble sofort servieren.

Für 8 Personen
- 3 reife Mangos (etwa 1,6 kg)
- 70 g Muscovadozucker
- Saft von 1 Zitrone
- 4 EL Rum
- Butter für die Form

Für die Streusel:
- 125 g Butter
- 125 g Zucker
- 175 g Mehl
- 75 g Kokosraspel

Meine Tipps:

× Zum Crumble serviere ich gern Eis – Vanilleeis, Kokoseis oder auch Zitroneneis schmecken mir am besten dazu.

× Der im Rezept verwendete Muscovadozucker kommt aus Mauritius und wird aus Rohrzucker gewonnen. Er hat ein wunderbares Karamellaroma, das vielen Gerichten einen typischen nussigen Geschmack verleiht. Wenn Sie keinen Muscovadozucker bekommen, können Sie auch braunen Bio-Rohrohrzucker verwenden.

Saftige Kürbis-Brownies

1 Den Backofen auf 180 °C vorheizen. Den Kürbis eventuell schälen (Hokkaido muss nicht geschält werden) und die Kerne entfernen. Das Fruchtfleisch in Schnitze schneiden und auf ein Backblech legen. Im vorgeheizten Ofen etwa 5 Minuten backen. Eine quadratische Kuchen- oder Auflaufform (22 x 22 cm) oder einen entsprechend großen Backrahmen auf einem Backblech mit Butter ausfetten. Den Kürbis abkühlen lassen und das Fruchtfleisch zusammen mit der Sahne in Mixer oder mit dem Pürierstab glatt pürieren.

2 Die Walnusskerne fein hacken. Kürbispüree mit den restlichen Zutaten in eine Schüssel geben. Mit dem Handrührgerät gut verrühren.

3 Den Teig in die Form füllen und 20–25 Minuten im Ofen backen, bis die Oberfläche der Brownies fest, das Innere aber noch weich ist. Die Brownies abkühlen lassen und in Stücke schneiden. Mit Walnusseis servieren.

Für 8 Personen
- 450 g Kürbis (geputzt gewogen; am besten Hokkaido)
- Butter für die Form
- 100 g Sahne
- 75 g Walnusskerne
- 200 g Mehl
- 200 g Roh-Rohrzucker
- 1 TL Backpulver
- ½ TL Natron
- ¼ TL Salz
- ½ TL gemahlener Ingwer
- 2 TL gemahlener Zimt
- 1 TL geriebene Muskatnuss
- 100 ml Pflanzenöl (z. B. Sonnenblumenöl)
- 2 Päckchen Bourbon-Vanillezucker
- Walnusseis zum Servieren

Kommt ihr zum Abendessen?

Rezepte für gute Freunde

Chakalls Musiktipps

Amália Rodrigues, die Königin des Fado, lege ich gerne zu einem gemütlichen Abendessen mit Freunden auf. Toumani Diabaté ist einer der besten Musiker Afrikas, er verbindet Jazz, Blues und Flamenco mit traditionellen Klängen.

- Amália Rodrigues // Uma Casa Portuguesa
- Toumani Diabaté // Jarabi

Salmorejo aus Andalusien

1 Die Tomaten kurz in heißes Wasser tauchen und häuten. Halbieren, entkernen und das Fruchtfleisch in kleine Würfel schneiden. Zwiebel und Knoblauch abziehen und fein hacken. Die Paprikaschote putzen und fein würfeln.

2 Das vorbereitete Gemüse zusammen mit 50 ml Wasser in einen Mixer geben und pürieren. Das Mus durch ein Sieb passieren, dabei mit der Rückseite eines Kochlöffels gut ausdrücken.

3 Von dem Brötchen die Rinde abreiben. Das Brötchen in eine Schüssel legen, mit der passierten Gemüsemischung beträufeln und 10 Minuten ziehen lassen. Langsam mit dem Olivenöl verrühren. 50 ml Wasser zufügen. Die Sauce mit Salz, frisch gemahlenem Pfeffer und dem Essig pikant abschmecken.

4 In einem Topf ausreichend Wasser zum Kochen bringen. Die Eier am stumpfen Ende anstechen, Wachteleier müssen nicht angepiekst werden. Hühnereier 8–10 Minuten, Wachteleier 3–4 Minuten kochen lassen. Abgießen, mit kaltem Wasser abschrecken und schälen.

5 Die Kirschtomaten vierteln. Die gekochten Hühnereier ebenfalls vierteln, die Wachteleier halbieren. Tomaten und Eier mit dem Schinken auf Portionstellern anrichten. Mit der Gemüsesauce beträufeln und nach Belieben mit Rauchsalz bestreuen. Dazu Weißbrot servieren.

Für 4 Personen
- 250 g Tomaten
- ½ kleine Zwiebel
- 1 Knoblauchzehe
- ¼ grüne Paprikaschote
- 1 Brötchen vom Vortag
- 60 ml bestes Olivenöl, vorzugsweise aus Andalusien
- Salz, frisch gemahlener Pfeffer
- 1 EL Weißweinessig
- 2 Eier oder 4 Wachteleier
- Kirschtomaten zum Garnieren
- 120 g Serranoschinken
- Rauchsalz (nach Belieben)
- Weißbrot zum Servieren

Mozzarella mit frittierten Basilikumblättern

1 Die Handvoll Basilikumblätter in größere Stücke zupfen. Den Mozzarella in Scheiben schneiden. Die eingelegten Tomaten aus dem Öl nehmen und in kleine Würfel schneiden. Die Oliven in Ringe schneiden. Mozzarella, Tomaten, Olivenringe und gezupfte Basilikumblätter abwechselnd in kleine dekorative Portionsgläser mit Schraubverschluss schichten, dabei jede Mozzarellascheibe mit Salz und frisch gemahlenem Pfeffer bestreuen. Mit einer Mozzarellaschicht abschließen. Die Gläser mit Olivenöl auffüllen, sodass alle Mozzarellascheiben mit Öl bedeckt sind. Die Gläser zuschrauben, sie müssen aber nicht luftdicht verschlossen werden.

2 Die Gläser 1–2 Tage lang zum Durchziehen in den Kühlschrank stellen. Kurz vor dem Servieren die 8 großen Basilikumblätter frittieren: Dafür ausreichend Öl in einer Pfanne erhitzen und die Blätter ungefähr 20 Sekunden frittieren, bis sie knusprig sind. Auf Küchenpapier abtropfen lassen. Die Blätter unmittelbar vor dem Servieren auf den marinierten Mozzarella im Glas legen. Den Mozzarella im geöffneten Glas servieren, Weißbrot oder Ciabatta dazu reichen.

Für 4 Personen
- 1 Handvoll Basilikumblätter
- 400 g Büffelmozzarella
- 100 g getrocknete Tomaten in Olivenöl
- 80 g schwarze Oliven ohne Stein
- Salz, frisch gemahlener Pfeffer
- 50 ml bestes Olivenöl
- 8 große Basilikumblätter
- Öl zum Frittieren
- Baguette oder Ciabatta zum Servieren

Mein Tipp: In schöne Gläser geschichtet ist dieser marinierte Mozzarella auch ein hübsches Mitbringsel. Er ist jedoch nicht sehr lange haltbar und sollte nach zwei Tagen verzehrt werden.

Birnen-Carpaccio mit Gorgonzola

1 Walnusskerne grob hacken. Pinien- und Walnusskerne in einer Pfanne ohne Fett kurz anrösten, bis sie duften. Beiseitestellen. Den Gorgonzola in dünne Scheiben schneiden.

2 Die Birnen waschen und abtrocknen. Mit einem sehr scharfen Messer in hauchdünne Scheiben schneiden.

3 Ingwer schälen und in grobe Stücke schneiden. In einer Pfanne Zucker, Ingwer, Whisky, Zimtstange, Essig und Vanillezucker vermischen. Aufkochen lassen und rühren, bis sich die Zuckerkristalle aufgelöst haben. Die Birnenscheibchen dazugeben und vorsichtig etwa 1 Minute lang andünsten.

4 Birnenscheiben aus der Pfanne nehmen und dekorativ auf Tellern anrichten. Pinienkerne, Walnusskerne und Gorgonzola darauf verteilen. Mit Rucola garnieren. Mit der Flüssigkeit aus der Pfanne beträufeln.

Für 4 Personen
- 6 Walnusskerne
- 2 EL Pinienkerne
- 50 g Gorgonzola
- 4 feste, aromatische Birnen in Bioqualität (je nach Größe)
- 3 cm Ingwerwurzel
- 100 g Zucker
- 50 ml Whisky
- 1 Zimtstange
- 1 EL Balsamico-Essig
- 1 TL Bourbon-Vanillezucker
- Rucola zum Anrichten

Meine Tipps:
- *Mit Cachaça (statt Whisky) schmeckt das Carpaccio sommerlich und südamerikanisch.*
- *Wenn Sie Lust haben, backen Sie noch salzige Knabberstangen dazu: Fertigen Blätterteig in 2 cm breite Streifen schneiden, jeden Streifen an beiden Enden festhalten und gegeneinander zur Spirale drehen. Auf ein Backblech legen, mit verquirltem Eigelb bestreichen, mit grobem Meersalz bestreuen und 10 Minuten bei 180 °C backen.*

Mein Nizzasalat mit Fischfilet

1 Die Kartoffeln unter fließendem Wasser abbürsten und in Salzwasser in etwa 20 Minuten knapp weich kochen. Die Kartoffeln abgießen und abkühlen lassen. Dann pellen und in mundgerechte Würfel schneiden.

2 Die Bohnen waschen und die Enden abschneiden. In einem Topf ausreichend Salzwasser zum Kochen bringen und die Bohnen darin in etwa 8–10 Minuten bissfest kochen. Mit kaltem Wasser abschrecken und gut abtropfen lassen.

3 Die Eier mit etwas kaltem Wasser in einen Topf geben. Aufkochen lassen und 8–10 Minuten kochen lassen. Die Eier herausnehmen, kalt abschrecken, schälen und würfeln.

4 Das Fischfilet in vier Stücke schneiden. In einer Pfanne das Olivenöl erhitzen und die Filetstücke von allen Seiten braten, bis sie gerade gar sind. Die Filetstücke auf Küchenpapier abtropfen lassen.

5 Die Tomaten waschen und in Achtel schneiden, dabei den Stielansatz entfernen. Die Zwiebel abziehen und in sehr dünne Scheiben schneiden.

6 Für das Dressing Salz, Pfeffer, Olivenöl und Essig verrühren. Die Kartoffelwürfel vorsichtig mit Bohnen, Zwiebeln und Tomaten vermischen. Mit dem Dressing beträufeln. Den Salat auf Portionstellern anrichten. Die Fischfilets darauflegen und mit Petersilie, Oliven und Ei garnieren.

Für 4 Personen
- 200 g Kartoffeln
- Salz
- 200 g grüne Bohnen
- 2 Eier
- 500 g Filet von Thunfisch, Dorade oder Wolfsbarsch (aus nachhaltigem Fischfang)
- 2–3 EL Olivenöl
- 4 Tomaten
- 1 Zwiebel
- 3 TL geschnittene Petersilienblättchen
- 8 schwarze Oliven ohne Stein zum Garnieren

Für das Dressing:
- Salz, frisch gemahlener schwarzer Pfeffer
- 4 EL Olivenöl
- 2 EL weißer Balsamico-Essig

Südamerikanischer Waldorf-Salat

1 Die Süßkartoffeln schälen und in fingerdicke Scheiben schneiden. In einem Topf ausreichend Salzwasser aufkochen und die Süßkartoffeln darin in etwa 10 Minuten gar kochen.

2 Die Äpfel halbieren, vom Kerngehäuse befreien und in Würfel schneiden. Von den Selleriestangen die Fäden abziehen. Das Selleriegrün abschneiden und beiseitelegen. Die Stangen in Scheiben schneiden. Die Walnusskerne grob hacken. Ananas in Würfel schneiden. Äpfel, Kartoffeln, Sellerie, gehackte Nüsse und Ananas in einer Schüssel gut miteinander vermischen. Für das Dressing die Mayonnaise mit dem Joghurt verrühren und mit Salz und Pfeffer abschmecken. Mit den Salatzutaten vermischen und den Salat nach Möglichkeit etwa 30 Minuten durchziehen lassen.

3 Das beiseitegelegte Selleriegrün fein schneiden. Den Salat auf Tellern anrichten und mit Selleriegrün garniert servieren.

Für 4 Personen
- 300 g Süßkartoffeln
- 2 säuerliche rote Äpfel
- 150 g Staudensellerie
- 150 g frische Ananas (geputzt gewogen)
- 50 g Walnusskerne

Für das Dressing:
- 100 g Mayonnaise (siehe Tipp)
- 100 g Joghurt
- Salz, frisch gemahlener Pfeffer

Mein Tipp: Wenn Sie Zeit und Lust haben, können Sie Mayonnaise auch selber zubereiten. Dazu 1 Eigelb mit 1 TL Dijon-Senf schaumig schlagen. Dann tröpfchenweise (ganz wichtig!) 150 ml Pflanzenöl und 2 EL Olivenöl unterrühren. Wenn die Mayonnaise gerinnt, wurde das Öl zu schnell dazugegeben. »Retten« können Sie Ihre Mayonnaise dann, indem Sie entweder heißes Wasser hinzufügen oder von vorne beginnen, indem Sie ein Eigelb verquirlen und die missratene Mayonnaise langsam darunterschlagen.

Gnocchi mit Tintenfischsauce

1 Den Backofen auf 200 °C vorheizen. Die Kartoffeln unter fließendem Wasser gut abbürsten und abtrocknen. Mit Olivenöl bepinseln und auf ein Backblech legen. Mit einer Gabel mehrmals einstechen und 50–60 Minuten im Ofen backen. Die Kartoffeln sollten innen noch weich und außen knusprig sein. Die Kartoffeln abkühlen lassen, aufschneiden und mit einem Löffel das Fruchtfleisch vorsichtig aus der Schale lösen. Durch eine Kartoffelpresse drücken. Es sollten etwa 600 g Kartoffelmasse entstehen.

2 Während die Kartoffeln backen, die Tintenfische zubereiten. Dafür in einem Topf reichlich Wasser zum Kochen bringen. Die gesäuberten Tintenfische hineingeben und weich kochen. Das kann je nach Größe und Alter der Tintenfische 10–40 Minuten dauern. Sie sollten sich mit einer Messerspitze leicht einstechen lassen. Die Tintenfische gegen Ende der Garzeit mehrmals testen, sie dürfen nicht zu lange kochen, sonst werden sie zäh.

3 Die Eigelbe unter die Kartoffelmasse mischen. Mit Salz und frisch gemahlenem Pfeffer würzen. Das Mehl löffelweise zu der Masse geben, bis sie weich und recht trocken ist. Eventuell benötigen Sie nicht das ganze Mehl oder müssen noch etwas Wasser zum Teig geben. Aus dem Teig dünne Rollen formen. Von diesen jeweils 2 cm dicke Stücke abschneiden und mit einer Gabel etwas flach drücken. So entsteht das typische Muster. Auf ein mit Mehl bestäubtes Backblech legen, sodass sie nicht aneinanderkleben.

Für 4 Personen

Für die Gnocchi:
- 1 kg mehlig kochende Kartoffeln
- Olivenöl
- 4 Eigelb
- Salz, frisch gemahlener Pfeffer
- Etwa 300–325 g Mehl

Für die Sauce:
- 800 g Tintenfisch, küchenfertig vorbereitet
- 1 rote Zwiebel
- 2 Knoblauchzehen
- 3 Chilischoten
- 3 Tomaten
- 250 g geschälte Esskastanien (vakuumiert)
- 80 g Butter
- 2 TL geschnittene Salbeiblätter
- 150 ml Rotwein
- Salz, frisch gemahlener Pfeffer
- 100 g Parmesan

4 In einem großen Topf ausreichend Salzwasser zum Kochen bringen. Die Gnocchi hineingeben und wenige Minuten darin ziehen lassen, bis sie an die Oberfläche steigen. Mit einer Schaumkelle abfischen und in einem Sieb abtropfen lassen. Kochen Sie zunächst ein Probe-Gnocchi: Wenn es zerfällt, braucht der Teig noch etwas Mehl.

5 Für die Sauce die Zwiebeln und den Knoblauch fein hacken. Die Chilischoten entkernen und fein hacken. Die Tomaten entkernen und vierteln. Die Esskastanien halbieren.

6 In einer Pfanne die Butter bei mittlerer Temperatur schmelzen lassen. Zwiebeln, Knoblauch, Chili und Salbei darin 4–5 Minuten anbraten. Den Tintenfisch dazugeben und 2 Minuten dünsten. Mit dem Rotwein ablöschen und 2 Minuten leise kochen lassen. Tomaten und Esskastanien dazugeben und weich dünsten. Mit Salz und Pfeffer abschmecken. Die Gnocchi auf Tellern anrichten und mit der Sauce beträufeln. Vom Parmesan dünne Scheibchen abschneiden. Die Gnocchi mit den restlichen Salbeiblättern und den Parmesanscheibchen servieren.

Kabeljau mit Pflaumen und Pinienkernen

1 Die Süßkartoffeln schälen, in fingerdicke Scheiben schneiden und in Salzwasser in etwa 10 Minuten gar kochen. Die Fischfilets in 3–4 cm breite Stücke schneiden und mit dem Zitronensaft beträufeln, salzen und pfeffern. Den Backofen auf 180 °C vorheizen. Eine feuerfeste Form mit Butter ausfetten. Die Pflaumen waschen, vierteln und entsteinen. Süßkartoffeln, Fischfilets und Pflaumen in die Form legen und mit dem Olivenöl beträufeln. Mit Pfeffer würzen. 15–20 Minuten im Ofen backen, bis das Filet weich ist.

2 Für die karamellisierten Zwiebeln die Zwiebeln schälen und in Scheiben schneiden. Die Butter in einer Pfanne bei mittlerer Temperatur schmelzen lassen. Zucker und Essig dazugeben und verrühren. Die Hitze reduzieren und die Zwiebelscheiben dazugeben. Die Zwiebeln unter Rühren 15–20 Minuten braten, bis sie karamellisieren. Zum Schluss die Pinienkerne dazugeben und 2–3 Minuten lang mitbraten.

3 Den gegarten Fisch aus dem Ofen nehmen. Fisch, Süßkartoffeln und Pflaumen auf Tellern anrichten und mit den karamellisierten Zwiebeln belegen.

Für 4–6 Personen
- 750 g Süßkartoffeln
- Salz
- 850 g Fischfilet (Kabeljau oder Dorsch)
- Saft von 1 Zitrone
- Frisch gemahlener schwarzer Pfeffer
- 2 EL Butter
- 200 g Pflaumen
- 4 EL Olivenöl

Für die karamellisierten Zwiebeln:
- 3 Zwiebeln
- 75 g Butter
- 75 g Zucker
- 1 EL Sherryessig
- 50 g Pinienkerne

Vietnamesische Teigrollen

1 Die Möhre und die Zucchini putzen und in Juliennestreifen, also in ganz feine Streifen, schneiden. Die Champignons vorsichtig säubern und fein würfeln. Die Sojasprossen in kochendem Wasser 1 Minute lang blanchieren, herausnehmen und in einem Sieb abtropfen lassen. Koriandergrün und Minze waschen, Blätter abzupfen und grob hacken. Alle Zutaten in einer Schüssel gut vermischen.

2 Das Hähnchenbrustfilet in feine Streifen schneiden. Für die Marinade 2 EL Sesamöl mit der Sojasauce verrühren. Die Knoblauchzehe abziehen, pressen und mit der Öl-Soja-Mischung verrühren. Die Hähnchenbruststreifen in der Marinade 30 Minuten ziehen lassen.

3 In einer Pfanne das restliche Sesamöl erhitzen und die Hähnchenbruststreifen anbraten. Auf Küchenpapier abtropfen lassen. Abkühlen lassen und mit den anderen Zutaten vermischen.

4 Die Reisblätter mit kaltem Wasser einpinseln und auf der Arbeitsfläche ausbreiten. Auf den unteren Rand jeweils 2 EL Füllung geben. Von den Seiten her einschlagen und vom unteren Ende vorsichtig aufrollen. Für den Dip die Sojasauce mit Zucker und Reisessig verrühren. Zu den Röllchen reichen.

Für 4 Personen (8 Rollen)
- ½ Möhre
- 1 kleine Zucchini
- 5 Champignons
- 150 g Sojasprossen
- ½ Bund Koriandergrün
- ½ Bund Minze
- 1 kleines Hähnchenbrustfilet (etwa 150 g)
- 4 EL Sesamöl
- 1 EL helle Sojasauce
- 1 Knoblauchzehe
- 8 Blätter Reispapier (Ø etwa 22 cm)

Für den Dip:
- 100 ml helle Sojasauce
- 1 TL Roh-Rohrzucker
- 20 ml Reisessig (Asialaden)

Mein Tipp: In Vietnam gibt es unzählige Varianten dieses Rezepts: Wenn Sie mögen, können Sie noch gekochte Garnelen, gegartes Schweinefilet in Streifen geschnitten oder Mango dazugeben. Oder wie wäre es mit Käse?

Schoko-Hähnchen

1 Für die Panade Mehl, Zimt und Salz in einem tiefen Teller mischen. Die Hähnchenbrustfilets in der Mischung wenden.

2 In einer beschichteten Pfanne Butterschmalz und 1 EL Olivenöl bei hoher Temperatur erhitzen. Die panierten Hähnchenbrustfilets dazugeben und von jeder Seite 2 Minuten lang scharf anbraten. Aus der Pfanne nehmen. Herd ausschalten.

3 Den Backofen auf 200 °C vorheizen. Die Zwiebel abziehen und in Scheiben schneiden. Die Chilischoten halbieren, die Samen entfernen und das Fruchtfleisch in feine Streifen schneiden. Zwiebel und Chilischoten in 2 EL Öl bei mittlerer Hitze anbraten, bis die Zwiebelscheiben glasig sind. Mit dem Rotwein ablöschen und etwas einkochen lassen. Hühnerbrühe, Tomatenmark, Kakaopulver und Zucker dazugeben. Alles gut verrühren und aufkochen lassen, bis sich der Zucker aufgelöst hat. Die Sahne zugeben und nochmals gut erhitzen. Rosinen und Mandeln dazugeben.

4 Die Hähnchenbrustfilets in eine Auflaufform oder ofenfeste Pfanne legen und mit der Sauce überziehen. 10 Minuten im vorgeheizten Backofen garen. Die Hähnchenbrustfilets aus dem Ofen nehmen und mit Korianderblättchen garniert servieren.

Mein Tipp: Dazu passen breite Nudeln, die man kocht, während die Filets im Backofen garen.

Für 4 Personen
- 2 EL Mehl
- ½ TL gemahlener Zimt
- ½ TL Salz
- 4 Hähnchenbrustfilets (à etwa 200 g)

Für die Sauce:
- 1 EL Butterschmalz
- 3 EL Olivenöl
- 1 rote Zwiebel
- 2 Chilischoten
- 100 ml Rotwein
- 200 ml Hühnerbrühe
- 2 EL Tomatenmark
- 2 EL Kakaopulver
- 2 EL Roh-Rohrzucker
- 50 g Sahne
- 2 EL Rosinen
- 2 EL gehobelte Mandeln
- Koriandergrün zum Garnieren

Unglaublich zarte Lammkeule

1 Die Lammkeule in einen großen Bräter legen und so viel Wasser dazugeben, dass sie gerade bedeckt ist. Die Möhre, die abgezogene Zwiebel und das Salz dazugeben. Petersilie oder Koriander hinzufügen. Alles aufkochen lassen.

2 Den Bräter mit Alufolie bedecken, dabei eine kleine Öffnung lassen. Die Lammkeule auf dem Herd bei geringer Hitze 2½ Stunden leise kochen lassen, bis das Fleisch schön zart ist. Den Herd ausschalten und die Lammkeule noch 1 Stunde im Wasser stehen lassen. Wenn genug Zeit vorhanden ist, wäre es am besten, die Lammkeule über Nacht im Bräter liegen zu lassen.

3 Den Backofen auf 180 °C vorheizen. Die Knoblauchzehen abziehen und halbieren. Die Korianderblätter und die Pistazien grob hacken. Die Oliven entkernen und halbieren. Knoblauch mit Koriander, Pistazien, Oliven, Olivenöl, Chilipulver und Zitronensaft in einen Mixer geben oder mit dem Pürierstab pürieren. Die Paste sollte nicht zu glatt sein, sondern noch krümelig. Mit den Semmelbröseln vermischen.

4 Die Lammkeule aus dem Bräter nehmen und beiseitestellen. Das Wasser wegschütten. In den Bräter 2 EL Olivenöl geben. Die Lammkeule hineinlegen und mit Meersalz bestreuen. Die Kräuterpaste auf dem Fleisch verteilen und mit einem Löffel andrücken. Die Lammkeule 30 Minuten lang im Ofen backen. Die Lammkeule mit Knochen auf eine vorgewärmte Platte legen und am Tisch aufschneiden. Dazu passt Reis mit gerösteten Pinienkernen (s. S. 124, für 4 Personen die Mengen halbieren).

Für 6–8 Personen
- 1 Lammkeule (etwa 2½ kg, mit Knochen)
- 1 Möhre
- 1 Zwiebel
- 2 EL Meersalz
- 5 EL Petersilienblättchen oder Koriandergrün

Für die Kräuterkruste:
- 2 Knoblauchzehen
- 5 EL Koriandergrün
- 5 EL Pistazien
- 5 EL schwarze Oliven
- 3 EL Olivenöl
- 1 TL Chilipulver
- 2–3 EL Zitronensaft
- 6 EL Semmelbrösel

Zum Fertigstellen:
- 2 EL Olivenöl
- Meersalz

Kaffee-Tonka-Mousse

1 Die weiße Schokolade mit dem Zucker und 1 EL Espresso in eine Schüssel geben und diese auf ein warmes Wasserbad setzen. Die Tonkabohne sehr fein reiben (Muskatreibe) und zugeben. Die Gelatine in kaltem Wasser einweichen.

2 Schokolade und Zucker unter Rühren schmelzen lassen, dabei nach und nach den restlichen Espresso einrühren. Die eingeweichte Gelatine ausdrücken und in der warmen Espressomischung unter Rühren auflösen. Die Schüssel vom Wasserbad nehmen.

3 In einer Rührschüssel Eigelbe und Rum gut verquirlen. Die heiße Espressomischung langsam einrühren. Etwa 30–60 Minuten kühl stellen, bis die Masse beginnt zu gelieren.

4 Die Sahne steif schlagen und unterziehen. Die Mousse entweder in Portionsgläser oder Tassen füllen. Bis zum Servieren mit Frischhaltefolie bedecken und mindestens 4 Stunden kalt stellen.

5 Zum Servieren die Mousse mit Kakaopulver bestäuben und nach Belieben mit frischen Beeren garnieren.

Mein Tipp: Die Mousse wird noch luftiger und leichter, wenn Sie gleichzeitig mit der Schlagsahne zwei zu steifem Schnee geschlagene Eiweiße unterziehen.

Für 4–6 Personen
- 80 g weiße Schokolade
- 1 EL Zucker
- 1 Tässchen Espresso (50–60 ml)
- 1 Tonkabohne (Gewürzhändler oder Apotheke)
- 4 Blatt Gelatine
- 2 Eigelb
- 2 cl Rum
- 300 g Sahne
- Kakaopulver
- Evtl. Beeren zum Garnieren (rote Johannisbeeren, Himbeeren)

Schnelles Apfeldessert mit Pinienkernen

1 Die Äpfel schälen, vom Kerngehäuse befreien und würfeln. Mit Zitronensaft, Muscovado- und Vanillezucker vermischen und in einem Topf bei niedriger Temperatur weich dünsten. Dabei ständig rühren. Vom Herd nehmen und vollständig abkühlen lassen.

2 Mascarpone mit Zucker, Eiern und einer Prise Salz gut verrühren. Die Butterkekse in einen Gefrierbeutel geben und mithilfe eines Nudelholzes grob zerstoßen. Die Pinienkerne und die Walnusskerne grob hacken.

3 In Dessertgläser oder -schälchen abwechselnd Mascarponecreme, Butterkekse, Nüsse und Äpfel schichten. Mit Schokoladenraspeln garnieren.

Mein Tipp: Da das Rezept rohe Eier enthält, sollten Sie das Dessert bis zum Servieren im Kühlschrank aufbewahren und recht schnell verzehren.

Für 4 Personen
- 2 Äpfel
- Saft von 1 Zitrone
- 50 g Muscovadozucker
- 1 TL Bourbon-Vanillezucker
- 200 g Mascarpone
- 100 g Zucker
- 2 Eier
- 1 Prise Salz
- 200 g Butterkekse
- 50 g Pinienkerne
- 100 g Walnusskerne
- Schokoladenraspel zum Garnieren

Polentakuchen mit karamellisierten Birnen

1 Den Backofen auf 150 °C vorheizen. Eine Springform (24 cm Durchmesser) mit Butter ausstreichen.

2 Die Birnen schälen und vierteln, dabei das Kerngehäuse entfernen. 2 EL Butter in eine Pfanne geben und bei mittlerer Temperatur erhitzen. Den Honig dazugeben und unterrühren. Die Birnen hineingeben und von einer Seite karamellisieren lassen. Vorsichtig wenden und die andere Seite karamellisieren. Herausnehmen und vollständig abkühlen lassen.

3 Für den Teig die Butter in einer Rührschüssel mit dem Zucker schaumig schlagen. Die Eier nach und nach dazugeben und gut verrühren. Die Mandeln mit dem Mehl und dem Backpulver verrühren und mit einem Kochlöffel unter die Zucker-Butter-Mischung rühren. Den Maisgrieß zufügen und gut verrühren. Die Zitronenschale untermengen.

4 Die Hälfte des Teiges in die eingefettete Form füllen. Die Birnen darauf verteilen und mit dem restlichen Teig bedecken. Im vorgeheizten Backofen 75 Minuten backen. Mit einem Klacks Zitroneneis servieren.

Für eine Springform (Ø 24 cm)

Zum Karamellisieren der Birnen:
- 1 kg feste, aromatische Birnen (z. B. Williams Christ)
- 2 EL Butter
- 2 EL flüssiger Honig

Für den Teig:
- 150 g Butter
- 250 g Zucker
- 4 Eier
- 130 g gemahlene Mandeln
- 40 g Mehl
- 1 TL Backpulver
- 130 g Maisgrieß
- Abgeriebene Schale von 2 Bio-Zitronen
- Butter für die Form

Meine Tipps:

× *Wann ist der Kuchen gar? Machen Sie die Stäbchenprobe: 5 Minuten vor Ende der Backzeit ein Holzstäbchen in die Mitte des Kuchens stechen. Bleibt kein Teig mehr daran kleben, ist der Kuchen fertig.*

× *Die Birnen können Sie auch durch frische Aprikosen ersetzen.*

Cointreau Especial

1 Wodka, Cognac, Cointreau und den Limettensaft in einen Mixer geben. Eine Handvoll Eiswürfel und den Zucker hinzufügen und alles gut vermischen.

2 Den Rand von vier Gläsern zuerst in Zitronensaft und dann in Zucker tauchen. Den Cointreau Especial einfüllen, mit Orangenscheiben und nach Belieben mit essbaren Blüten garnieren.

Für 4 Gläser
- 15 ml Wodka
- 20 ml Cognac
- 50 ml Cointreau
- Saft von 3 Limetten
- Eiswürfel
- 2 EL Zucker

Zum Garnieren:
- 1 EL Zitronensaft
- 1 EL Zucker
- 4 Orangenscheiben
- Essbare Blüten (nach Belieben), z. B. Kapuzinerkresse, Chrysanthemen, Kronenmargeriten

Ich packe meinen Koffer ...

Rezepte bei Fernweh

Chakalls Musiktipps

Das Album »Mali Music« hat Damon Albarn mit Musikern aus Mali wie Toumani Diabaté und Afel Bocoum aufgenommen. Es verbindet die Fröhlichkeit Afrikas mit der europäischen Gegenwart – unglaublich vielseitig und weltoffen.

- Damon Albarn u. a. // Mali Music
- Amadou & Mariam // Welcome to Mali

Tandoori-Garnelen mit Bananendip

1 Von den Garnelen den Rückenpanzer mit einem scharfen Messer vorsichtig entfernen. Kopf und Schwanz am Körper belassen. Für die Marinade den Limettensaft mit der Fischsauce und dem Tandoori-Gewürz verrühren. Auf vier Metallspieße jeweils drei Garnelen stecken. (Falls Sie Bambus- oder Holzspieße verwenden, diese zuvor 30 Minuten in Wasser einweichen, damit sie beim Grillen nicht verbrennen.) Die Spieße in eine mit Öl ausgepinselte feuerfeste Form legen, mit der Marinade beträufeln, salzen und pfeffern. 15 Minuten ziehen lassen. Den Backofen auf 220 °C vorheizen.

2 Für den Dip die Knoblauchzehe abziehen, den Ingwer schälen, und beides fein hacken. Die Zitronengrasstange mit einem scharfen Messer in kleine Stückchen schneiden. Die Banane schälen und grob zerkleinern. Sesamöl, Knoblauch, Ingwer und Banane mit dem Pürierstab oder im Mixer pürieren. Gemüsebrühe, Möhrensaft und Tandoori-Masala dazugeben und alles gut verrühren.

3 Die Spieße in der Form im Ofen 5–10 Minuten garen. Aus der Marinade nehmen (Vorsicht, heiß!) und auf ein mit Alufolie belegtes Backblech legen. Unter dem heißen Backofengrill pro Seite 2 Minuten grillen, bis sie gebräunt sind und die Marinade verdampft ist. Mit dem Dip servieren.

Für 4 Personen
- 12 Garnelen (mittlere Größe; ungeschält)
- Saft von 1 Limette
- 50 ml Fischsauce (Asialaden)
- 1 TL Tandoori-Masala (Asialaden, s. S. 124)
- Pflanzenöl zum Anbraten
- Salz, frisch gemahlener Pfeffer

Für den Dip:
- 1 Knoblauchzehe
- 1 cm Ingwerwurzel
- 1 Stange Zitronengras
- 1 Banane
- 1 EL Sesamöl
- 50 ml Gemüsebrühe
- 50 ml Möhrensaft
- 1 EL Tandoori-Masala (Asialaden)

Mein Avocadosalat

1 Die Avocados der Länge nach bis auf den Kern rundherum einschneiden, die Hälften gegeneinanderdrehen und trennen. Den Kern behutsam entfernen und wegwerfen, die Avocadohälften schälen. Das Fruchtfleisch würfeln.

2 Die Tomaten kreuzförmig einschneiden, kurz in kochendes Wasser tauchen, häuten und halbieren. Den Stielansatz und die Kerne entfernen. Das Fruchtfleisch würfeln. Die Knoblauchzehe und die Zwiebel abziehen und fein würfeln. Die Chilischote entkernen und würfeln. Die Korianderblätter fein hacken.

3 Alle Zutaten mit dem Limettensaft in eine Schüssel geben und vermischen. Mit Salz und Pfeffer abschmecken. Dazu passt Pita-Brot (s. S. 92) oder Tortilla-Chips.

Variante

Aus den Grundzutaten können Sie auch ein erfrischendes Guacamole-Sorbet zubereiten: Avocado, Tomaten und Chili mit 300 ml Wasser sowie dem Limettensaft glatt pürieren. (Knoblauch, Zwiebel und Koriander lassen Sie weg.) 80 g Zucker mit 80 ml Wasser verrühren und in einem Topf bei mittlerer Hitze 5 Minuten einkochen lassen. Den abgekühlten, aber noch lauwarmen Zuckersirup unter die Mischung rühren, mit etwas Salz abschmecken und eine halbe Stunde ziehen lassen. In einer verschließbaren Schüssel für 6 Stunden tiefkühlen, dabei alle 2 Stunden mit einer Gabel verrühren. Mit dünnen Streifen von der Limettenschale dekorieren – lecker als sommerliche Vorspeise!

Für 4 Personen
- 2 reife Avocados
- 2 Tomaten
- 1 Knoblauchzehe
- ½ Zwiebel
- 1 rote Chilischote
- 1 EL Koriandergrün
- Saft von 1 Bio-Limette
- Salz, frisch gemahlener Pfeffer

Seeteufel-Carpaccio mit Sesam-Orangen-Sauce

1 Das Seeteufelfilet mit einem scharfen Messer in dünne, längliche Stücke schneiden. Die Zwiebel abziehen, halbieren und in dünne Scheiben schneiden. Die Paprikaschote putzen und in feine Streifen schneiden. Den Schnittlauch waschen, trocken tupfen und in feine Röllchen schneiden.

2 Das Fischfilet mit Zwiebeln, Paprika und Schnittlauch auf Tellern anrichten.

3 Für die Sauce die Ingwerwurzel schälen und fein reiben. Den Ingwer mit Sesamöl, Olivenöl, Orangensaft und Sojasauce verrühren und über die Fischfilets träufeln. Mit Salz, frisch gemahlenem Pfeffer und den Sesamsamen bestreuen.

Mein Tipp: Die kräftig schmeckende Tigermilch (s. S. 168) passt gut zu dieser leichten Vorspeise.

Für 4 Personen
- 400 g Seeteufelfilet
- 1 rote Zwiebel
- ½ gelbe Paprikaschote
- 1 Bund Schnittlauch
- Salz, frisch gemahlener schwarzer Pfeffer
- 1 EL dunkle Sesamsamen

Für die Sauce:
- 3 cm Ingwerwurzel
- 1 EL Sesamöl
- 2 EL Olivenöl
- Saft von 1 Orange
- 1 EL helle Sojasauce

Tigermilch

1 Von den Selleriestangen die Fäden abziehen, die Stangen in grobe Stücke schneiden. Knoblauchzehen und Zwiebel abziehen und fein hacken. Die Chilischote entkernen und fein hacken. Koriandergrün hacken.

2 Alle Zutaten zusammen mit Öl, Limettensaft und etwas Salz im Mixer oder mit dem Pürierstab pürieren. Die Tigermilch sollte recht glatt sein.

Mein Tipp: Die Tigermilch passt zu Fleisch, Geflügel, Fisch und vielen asiatischen Gerichten. Sie hält sich eine Woche im Kühlschrank – ich esse sie aber am liebsten ganz frisch. Besonders gut passt sie zu den gefüllten Hähnchenfilets (s. S. 20) und den Empanadillas (s. S. 100).

Für 250 ml
- 100 g Staudensellerie
- 3 Knoblauchzehen
- ½ rote Zwiebel
- 1 rote Chilischote
- 3 EL Koriandergrün
- 50 ml Pflanzenöl
- Saft von 2 Limetten
- Salz

Garnelensalat mit Mango und Mandarinen

1 Den Speck in 2 cm breite Stücke schneiden und in einer Pfanne in 1 EL Olivenöl anbraten. Aus der Pfanne nehmen.

2 Die Knoblauchzehe abziehen und halbieren. Das restliche Olivenöl in die Pfanne geben und die Garnelen zusammen mit der Knoblauchzehe 2–3 Minuten anbraten. Die Garnelen wenden und nochmals (je nach Größe) 1–2 Minuten anbraten, bis sie sich rosa färben. Vom Herd nehmen.

3 Die Zwiebel abziehen und in feine Ringe schneiden. Die Mandarine schälen und in Schnitze teilen. Die Mango schälen und das Fruchtfleisch in Spalten vom Stein schneiden. Die Tomaten waschen und halbieren.

4 Die Salatblätter auf Portionsteller legen. Speck, Garnelen, Tomaten, Zwiebeln und das Obst darauf anrichten.

5 Für das Dressing Honig und Senf mit Olivenöl und Balsamico-Essig verrühren. Mit Salz abschmecken. Den Salat mit dem Dressing beträufeln und servieren.

Für 4 Personen
- 4 Scheiben Frühstücksspeck (etwa 50 g)
- 3 EL Olivenöl
- 1 Knoblauchzehe
- 12 Riesengarnelen (roh, ungeschält)
- 1 kleine rote Zwiebel
- 1 Mandarine
- ½ Mango
- 8 Kirschtomaten
- 4 Salatblätter (zum Anrichten)

Für das Dressing:
- 1 EL Honig
- 1 EL Dijon-Senf
- 2 EL Olivenöl
- 1 EL Balsamico-Essig
- Salz

Tom Kha Gai

1 Das Hähnchenbrustfilet in dünne Streifen schneiden. Die Zitronengrasstangen mit einem scharfen Messer jeweils längs halbieren. Die Chilischote entkernen und in Streifen schneiden.

2 Den Geflügelfond in einem Topf bei mittlerer Temperatur erhitzen. Zitronengras, Chilischote, Kaffir-Limettenblätter und Limettensaft dazugeben. Alles gut verrühren und zum Kochen bringen. Mit der Fischsauce abschmecken. Dann die Hähnchenstreifen und die Kokosmilch hinzufügen. Nochmals aufkochen und etwa 10–15 Minuten leise kochen lassen, bis das Fleisch weich und weiß ist.

3 Inzwischen den Koriander fein hacken. Die Zitronengrasstangen herausnehmen und wegwerfen. Die Suppe in Portionsteller oder Suppenschalen verteilen und mit dem Koriandergrün bestreuen. Mit Grissini-Stangen servieren.

Für 4 Personen
- 300 g Hähnchenbrustfilet
- 3 Stangen Zitronengras
- 1 Chilischote
- 450 ml Geflügelfond
- 4–5 Kaffir-Limettenblätter (Asialaden)
- Saft von 1 Limette
- Fischsauce zum Abschmecken (Asialaden)
- 400 ml Kokosmilch
- 2 EL Koriandergrün
- Grissini-Stangen zum Servieren

Variante mit Bananen:
Tom Banana

Diese Variante schmeckt durch die Bananen herrlich fruchtig: Nehmen Sie statt des Hähnchenfilets 2 Bananen. Die Bananen werden in Scheiben geschnitten und am Schluss unter die Suppe gegeben, sodass sie gerade warm werden. Wenn Sie statt des Geflügelfonds Gemüsefond verwenden, wird die Suppe zu einem leckeren vegetarischen Gericht.

Marokkanische Hähnchenpfanne

1 In einem Topf 200 ml Wasser zum Kochen bringen, die Pflaumen dazugeben und 3 Minuten leise kochen lassen. Die Pflaumen in ein Sieb abgießen und abtropfen lassen, die Flüssigkeit auffangen.

2 Die Safranfäden in eine Tasse geben, 3 EL kochendes Wasser dazugießen und beiseitestellen. Die Hähnchenbrustfilets in mundgerechte Streifen schneiden. Die Zwiebel abziehen und fein hacken.

3 Das Olivenöl in einer großen Pfanne bei mittlerer Temperatur erhitzen und die Zwiebelwürfel darin anbraten, bis sie glasig sind. Die Hähnchenstücke dazugeben und unter Wenden von allen Seiten gut durchbraten.

4 Safranwasser, Ingwer, Lorbeerblätter, Orangenschale und Zimtstange dazugeben und gut verrühren. Mit Salz und frisch gemahlenem Pfeffer würzen. Deckel auflegen und die Hitze reduzieren. 10–15 Minuten leise kochen lassen.

5 Pflaumen, Honig und Mandeln dazugeben. Eventuell etwas Pflaumen-Einweichwasser unterrühren und alles noch einmal kurz erhitzen. Mit Sesamsamen bestreut servieren. Dazu passt Reis.

Für 4 Personen
- 200 g getrocknete Pflaumen ohne Stein (Soft-Pflaumen)
- 6 Safranfäden
- 4 Hähnchenbrustfilets (à etwa 175 g)
- 1 große Zwiebel
- 4 EL Olivenöl
- ½ TL gemahlener Ingwer
- 2 Lorbeerblätter
- Abgeriebene Schale von 1 Bio-Orange
- 1 Zimtstange
- Salz, frisch gemahlener Pfeffer
- 2 EL Honig
- 75 g gehobelte Mandeln
- 2 EL Sesamsamen

Mein Tipp: Safranfäden schmecken intensiver als gemahlener Safran und behalten länger ihr Aroma. Sie sind zwar teuer, aber ein Tütchen reicht ziemlich lange.

Argentinisches Steak mit Chimichurri-Sauce

1 Die Steaks mit dem Meersalz würzen.

2 Das Olivenöl in einer Pfanne erhitzen, 2 Steaks einlegen und auf höchster Stufe von jeder Seite so lange braten, bis das Fleisch den gewünschten Gargrad erreicht hat. Als Faustformel gilt bei einem 2 cm dicken Steak: 2 Minuten pro Seite für »rare« (rosa bis blutig), je 3 Minuten für »medium« (halb durch) und je 4 Minuten für die Garstufe »well done« (durchgebraten). Wichtig ist, die Steaks regelmäßig in der Pfanne zu wenden. Die Pfanne wieder erhitzen und die beiden anderen Steaks auf gleiche Weise anbraten. Die Steaks warm stellen, während Sie die Sauce zubereiten.

3 Für die Chimichurri-Sauce die Chilischote halbieren und fein hacken. Die Knoblauchzehen abziehen und in eine Schüssel pressen. Petersilie waschen und trocken tupfen. Die Blättchen abzupfen und fein hacken. Olivenöl, Weißweinessig, Salz, Pfeffer, Oregano, Petersilie und die gehackte Chilischote zu den Knoblauchzehen geben und verrühren. 100 ml warmes Wasser dazugeben und gut verrühren.

4 Die Chimichurri-Sauce zu den Steaks reichen.

Mein Tipp: In Argentinien isst man das Steak einfach so mit der Chimichurri-Sauce, Beilagen sind bei uns nicht so wichtig. Mir schmecken dazu Rosmarinkartoffeln (s. S. 56).

Für 4 Personen
- 4 Entrecôtes (à etwa 200 g)
- Grobes Meersalz
- 2 EL Olivenöl

Für die Chimichurri-Sauce:
- 1 rote Chilischote
- 2 Knoblauchzehen
- 1 großes Bund frische Petersilie
- 100 ml Olivenöl
- 50 ml Weißweinessig
- Salz, frisch gemahlener Pfeffer
- 25 g getrockneter Oregano

Spinat-Vanille-Curry

1 Die Zwiebel abziehen und fein hacken. Das Zitronengras längs halbieren. Die Chilischote halbieren, die Samen entfernen, das Fruchtfleisch fein hacken. Die Zucchini waschen, längs zunächst vierteln, dann achteln, und die Streifen in 5 cm lange Stücke schneiden. Die Möhre schälen, halbieren und in kleine Würfel schneiden. Den Spinat gründlich waschen und verlesen. Dabei grobe Stiele entfernen und größere Blätter zerzupfen. Den Ingwer schälen und fein hacken. Die Vanillestange längs halbieren, das Vanillemark herauskratzen und beides beiseitestellen.

2 Das Öl in einer großen Pfanne bei mittlerer Temperatur erhitzen. Zwiebeln, Zitronengras und die Chilischote dazugeben und 3–5 Minuten anschwitzen. Das Currypulver dazugeben und 1 Minute mitdünsten. Zucchini- und Möhrenstücke dazugeben und unter ständigem Rühren einige Minuten andünsten.

3 Kokosmilch und Limettensaft dazugeben und gut verrühren. Die angegebene Menge Kokosmilch können Sie nach Belieben noch erhöhen. Wenn es anfängt zu kochen, den Spinat dazugeben und so lange mitkochen, bis er zusammenfällt. Vanillestange, Vanillemark, Sternanis und gehackten Ingwer zu dem Curry geben und nochmals kurz aufkochen lassen. Mit der Fischsauce abschmecken.

4 Vanillestange und Zitronengras entfernen und das Curry servieren. Nach Belieben mit Sternanis und grob zerstoßenem rosa Pfeffer garnieren.

Für 4 Personen
- 1 Zwiebel
- 1 Stange Zitronengras
- 1 rote Chilischote
- 1 Zucchini (etwa 200 g)
- 1 große Möhre
- 400 g frischer Spinat
- 1 cm Ingwerwurzel
- 1 Vanillestange
- 4 EL Pflanzenöl
- 1 EL Currypulver
- 200 ml Kokosmilch (nach Belieben mehr)
- Saft von 1 Limette
- 2 Sternanis
- Fischsauce zum Abschmecken (Asialaden)
- Sternanis und rosa Pfeffer zum Garnieren (nach Belieben)

Hähnchen-Biryani

1 Hähnchenbrustfilet waschen, trocken tupfen und in größere Stücke schneiden. Chilischoten halbieren, entkernen und fein würfeln. Zwiebeln und Knoblauchzehen abziehen und fein hacken. Den Reis in ein Sieb geben, mit heißem Wasser überbrühen, dann unter fließendem kaltem Wasser waschen.

2 Die Butter in einer hohen beschichteten Pfanne zerlassen. Zwiebeln, Knoblauch, Chili, Lorbeerblatt, Gewürznelken, leicht zerdrückte Kardamomkapseln und Zimtstange hineingeben und einige Minuten unter Rühren anschwitzen, bis die Gewürze intensiv duften. Kurkuma zugeben und kurz andünsten. Das Hähnchenfleisch und das Gemüse zugeben und bei mittlerer Hitze unter Rühren etwa 10 Minuten braten.

3 Reis und Rosinen zufügen, Hühnerbrühe angießen und einen Deckel auflegen. Kurz aufkochen lassen, dann zurückschalten und bei geringer Hitze den Reis ausquellen lassen. Das dauert etwa 10–15 Minuten. Kurz vor Ende der Garzeit die Mandeln zugeben, damit sie heiß werden.

4 Den Deckel abnehmen und das Biryani nach Geschmack mit Salz würzen. Das Koriandergrün waschen, trocken tupfen und die Blättchen abzupfen. Das Biryani mit Koriander bestreut servieren.

Für 4 Personen
- Etwa 800 g Hähnchenbrustfilet
- 2–3 Chilischoten (je nach gewünschter Schärfe)
- 2 Zwiebeln
- 2 Knoblauchzehen
- 250 g Basmati-Reis
- 1 EL Butter
- 1 Lorbeerblatt
- 2 Gewürznelken
- 4 grüne Kardamomkapseln
- 1 Zimtstange
- 2 TL Kurkuma
- 1 mittelgroße Zucchini, geraspelt
- 3 kleine Möhren, geraspelt
- 80 g Rosinen
- 625 ml Hühnerbrühe
- 80 g Mandeln, gehäutet
- Salz
- Koriandergrün zum Servieren

Mein Tipp: Joghurt mildert die Schärfe ein bisschen. So mache ich eine schnelle indische Gurken-Raita: Eine halbe Salatgurke grob raspeln, in einem Sieb ausdrücken und mit etwas Salz und gemahlenem Kreuzkümmel in 300 g Naturjoghurt einrühren. Hmm!

Couscous mit Grillgemüse

1 Am Vorabend die Kichererbsen in 500 ml Wasser einweichen. Am nächsten Tag im Einweichwasser etwa 1,5–2 Stunden kochen, bis sie gar sind.

2 Für das Grillgemüse den Backofengrill vorheizen oder eine Grillpfanne bereitstellen. Knoblauchzehen und Zwiebel abziehen und fein würfeln. Zucchini waschen, die Enden abschneiden, das Fruchtfleisch in Stifte schneiden. Die Aubergine waschen, die Enden abschneiden, das Fruchtfleisch in dünne Scheiben schneiden. Die Möhren schälen und in Stifte schneiden.

3 Zucchini, Aubergine und Möhren auf einem Backblech verteilen und mit 2 EL Olivenöl beträufeln. Mit Salz und Pfeffer würzen. Unter dem Backofengrill etwa 10 Minuten backen oder in einer Grillpfanne mit 2 EL Olivenöl anbraten. In einer anderen Pfanne 2 EL Olivenöl bei mittlerer Temperatur erhitzen. Knoblauch und Zwiebel anbraten, bis die Zwiebelwürfel glasig sind. Gemüsefond, Salz, Pfeffer, Kreuzkümmel, Rosinen, Mandeln und Kichererbsen hinzufügen. So lange kochen lassen, bis die Sauce eingedickt ist. Das Gemüse warm halten.

4 In der Zwischenzeit den Couscous nach Packungsanweisung kochen. Nach dem Ziehen die Couscous-Körner mit einer Gabel auflockern und etwas Butter hinzufügen. Den Couscous mit der Gemüsemischung servieren.

Für 4 Personen
- 150 g getrocknete Kichererbsen (oder 350 g Kichererbsen aus der Dose)
- 2 Knoblauchzehen
- 1 Zwiebel
- 2 Zucchini
- 1 Aubergine
- 2 Möhren
- 4 EL Olivenöl
- Salz, frisch gemahlener Pfeffer
- 300 ml Gemüsefond
- ½ TL Kreuzkümmel
- 50 g Rosinen
- 50 g gehackte Mandeln
- 400 g Instant-Couscous
- Etwas Butter

Mein Tipp: Wer Fleisch dazu möchte, kann 300 g Hähnchenbrustfilet in Streifen schneiden und 30 Minuten in einer Marinade aus Zitronensaft, Salz und Kreuzkümmel ziehen lassen. In etwas Öl scharf anbraten, bei reduzierter Hitze etwa 10 Minuten garen und mit dem Couscous servieren.

Orangen-Maracuja-Mousse

1 Von der Bio-Orange die Schale fein abreiben und beiseitestellen. Mit einem scharfen Messer die gesamte Orangenschale so abschneiden, dass auch die weiße Haut entfernt wird. Die Orangenfilets zwischen den Trennhäuten herausschneiden, dabei über einem tiefen Teller arbeiten, damit der Saft aufgefangen wird. Die Orangenfilets bis zum Servieren kalt stellen.

2 Die 5 übrigen Orangen und die Zitrone auspressen. Den aufgefangenen Saft der Bio-Orange dazugeben. Es sollte insgesamt etwa 500 ml Saft ergeben. 1 Tasse Saft abnehmen und die Gelatine darin einweichen. Den restlichen Zitrussaft zusammen mit dem Zucker und der abgeriebenen Orangenschale leicht erwärmen und rühren, bis sich der Zucker aufgelöst hat. Die eingeweichte Gelatine samt Saft dazugeben und weiterrühren, bis die Gelatine aufgelöst ist. Vom Herd nehmen und Orangenlikör unterrühren.

3 Die Masse kalt stellen, bis sie nach etwa 1 Stunde beginnt zu gelieren. Die Sahne steif schlagen und unterheben. Die Mousse in Portionsgläser oder -schälchen füllen und bis zum Servieren mindestens 4 Stunden kalt stellen.

4 Kurz vor dem Servieren die Maracujas halbieren und die Kerne in eine Schüssel geben. Die Orangenmousse mit den Maracujakernen und den Orangenfilets garnieren und sofort servieren.

Für 4 Personen
- 6 Orangen, davon 1 in Bio-Qualität
- Saft von ½–1 Zitrone
- 8 Blatt Gelatine
- 50 g Zucker
- 4 cl Orangenlikör (z. B. Grand Marnier, Cointreau)
- 300 g Sahne
- 4 Maracujas

Kokosflan

1 Eier und Zucker mit dem Schneebesen verquirlen, aber nicht allzu schaumig schlagen. Kokosmilch und Vanillezucker oder gemahlene Vanille dazugeben und alles gut verrühren.

2 Für den Karamell Zucker mit 1 TL Wasser in einen Topf geben und zum Kochen bringen. Unter Rühren karamellisieren lassen. Den Karamell in eine viereckige oder runde Flanform aus Metall geben und am Boden und den Wänden der Form gut verteilen.

3 Die Eiermilch in die Form gießen. Mit Alufolie abdecken. Die Form in einen ofenfesten Bräter setzen und seitlich so viel kochendes Wasser zugießen, dass die Form zu etwa zwei Drittel im Wasser steht. Im vorgeheizten Backofen bei 200 °C etwa 1 Stunde leise kochen lassen. Wenn die Mitte des Flans fest geworden ist, den Flan aus dem Wasserbad nehmen. Einige Stunden, am besten über Nacht, abkühlen lassen. Den Flan auf eine Platte stürzen, vorher am Rand der Form den Flan mit einem kleinen Messer lösen. In Scheiben schneiden und auf Portionstellern anrichten.

4 Die Mango schälen und in Spalten schneiden. Den Flan mit Mangostücken und Minzeblättern garniert servieren.

Variante
Statt Mango passen auch Beeren dazu: Gemischte Beeren (Himbeeren, Erdbeeren, Heidelbeeren) mit 1 EL Puderzucker, 1 EL Zitronensaft und 1 EL Orangenlikör marinieren und mit dem Flan servieren.

Für 4 Personen
- 4 Eier
- 5 EL Zucker
- 200 ml Kokosmilch
- 1 Päckchen Bourbon-Vanillezucker oder 1 Messerspitze gemahlene Vanille

Für den Karamell:
- 100 g Zucker
- ½ Mango zum Garnieren
- Minzeblätter zum Garnieren

Esskastanienpudding

1 Die Kastanien in der Milch in etwa 15 Minuten weich kochen. Pürieren und abkühlen lassen. Mit der weichen Butter verrühren und schaumig schlagen.

2 Die Eier nach und nach dazugeben und gut verrühren. Dann nacheinander Eigelb und Zucker zur Masse geben und 10 Minuten lang verrühren.

3 Das Mehl mit dem Backpulver vermischen und zur Masse sieben.

4 Den Backofen auf 180 °C vorheizen. Feuerfeste Portionsförmchen mit Butter einfetten und mit Mehl bestäuben. Die Masse in die Förmchen füllen und im vorgeheizten Backofen 8 Minuten backen.

5 Den Esskastanienpudding am Rand mit einem kleinen Messer lösen und aus den Förmchen nehmen. Noch warm mit Eiscreme und Schokoladenraspeln servieren.

Mein Tipp: Schneller geht es mit fertig gekauftem Kastanienpüree. Statt Kastanien und Milch brauchen Sie dann etwa 150–200 g Kastanienpüree. Meist ist das fertige Kastanienpüree schon gesüßt – nehmen Sie deshalb nur 30 g Zucker für die Puddingmasse.

Für 4 Personen
- 125 g Esskastanien (vorgekocht und vakuumiert)
- 100 ml Milch
- 100 g weiche Butter
- 2 Eier
- 3 Eigelb
- 60 g Zucker
- 30 g Mehl
- ½ TL Backpulver
- Butter und Mehl für die Förmchen
- Eiscreme zum Servieren
- Schokoladenraspel zum Garnieren

Register

A
Ananas 28, 62, 90, 98, 141
Ananas-Carpaccio mit Koriander und Ingwer 62
Ananas-Daiquiri 90
Aprikosen 116
Äpfel 154
Apfeldessert mit Pinienkernen, schnelles 154
Argentinisches Chili con Carne 123
Argentinisches Steak mit Chimichurri-Sauce 176
Auberginen 103, 182
Auberginen-Orangen-Chutney mit Koriander 103
Avocado 15, 164
Avocadosalat 164

B
Bacon 20, 112, 170
Bananen 64, 112, 162, 173
Basilikum-Panna-Cotta 73
Beeren 30
Birnen 108, 137, 157
Birnen-Carpaccio mit Gorgonzola 137
Birnenröllchen mit Brie, Pinienkernen und Honig 108
Blätterteig 100
Bloody-Mary-Suppe 74
Bohnen 123, 138
BROTE
   Chipa – Argentinisches Käsegebäck 96
   Focaccia 95
   Naan-Brot mit Knoblauch 93
   Pita 92
Butter-Varianten 97

C
Camembert mit Honig und rosa Pfeffer 39
Cashewkerne 45, 59
Champignons 42
Chili-Limetten-Sorbet 84
Chili-Pfeffer-Sauce 120
Chipa – Argentinisches Käsegebäck 96
Ceviche mit Mango und Koriander 16
Cointreau Especial 158
Couscous mit Grillgemüse 182
Curry 26

D
Daiquiris 90
DESSERTS
   Ananas-Carpaccio mit Koriander und Ingwer 62
   Apfeldessert mit Pinienkernen, schnelles 154
   Esskastanienpudding 189
   Feigen mit Honig, köstliche 84
   Gebackene Ananas mit Zimt und Muskat 28
   Gebackene Erdbeeren mit Mascarpone 61
   Honig-Bananen mit Nüssen 64
   Kaffee-Tonka-Mousse 153
   Käsekuchen, sommerlicher 86
   Kirschsuppe mit weißer Schokoladenmousse 33
   Kokosflan 186
   Mango-Kokos-Crumble 126
   Orangen-Maracuja-Mousse 185
   Polentakuchen mit karamellisierten Birnen 157
   Saftige Kürbis-Brownies 129
   Schokoladentarte mit roten Früchten 30
DRINKS
   Ananas-Daiquiri 90
   Cointreau Especial 158
   El Submarino 34
   Erdbeer-Ingwer-Daiquiri 90
   Hot Baby Hot 68
   Litschi-Daiquiri 90

E
Eier 40, 157, 186, 189
Empanadillas 100-102
Ente 19, 83, 119
Ente und Quitten am Spieß 119
Entenbrust-Grapefruit-Carpaccio 19
Entenbrustfilet mit Mango und rosa Pfeffer 83
Erdbeeren 61, 68, 86, 90
Erdbeer-Ingwer-Daiquiri 90
Erdnussbutter 98
Esskastanien 76, 142, 189
Esskastanienpudding 189

F
Feigen 70, 84, 107
Feigen mit Honig, köstliche 84
Feigenchutney 107

Filoteig 108
Fisch 16, 21, 53, 54, 79, 102, 138, 145, 167
Fisch auf mediterrane Art 53
Fleischbällchen mit Aprikosensauce 116
Focaccia 95

G
Garnelensalat mit Mango und Mandarinen 170
Gebackene Ananas mit Zimt und Muskat 28
Gebackene Erdbeeren mit Mascarpone 61
Gefüllte Hähnchenfilets 20
Gnocchi mit Tintenfischsauce 142
Grapefruit 19

H
Hähnchen 20, 45, 98, 120, 124, 146, 149, 173, 175, 181
Hähnchen-Biryani 181
Hähnchen mit Honig und Süßkartoffelpüree 120
Hähnchensalat mit Zitronengras 45
Hähnchenspieße mit Erdnuss-Kokos-Dip 98
Honig-Bananen mit Nüssen 64
Hot Baby Hot 68

I / J
Ingwer 12, 90, 104, 106, 137, 167
Italienische Tomaten-Paprika-Suppe 114
Jalapeños 40
Joghurt 48, 84, 93, 124, 141

K
Kabeljau mit Pflaumen und Pinienkernen 145
Kaffee-Tonka-Mousse 153
Kalte Ingwer-Avocado-Suppe 15
Kartoffeln 12, 81, 120, 138, 142
Kastaniensuppe mit rosa Pfeffer 76
Käse 39, 102, 108, 112, 114, 137
Käsekuchen, sommerlicher 86
Kekse 30, 86, 154
Kichererbsen 48, 182
Kichererbsen-Joghurt-Suppe 48
Kirschen 33

Kirschsuppe mit weißer Schokoladenmousse 33
Kokosflan 186
Kokos-Kürbis-Suppe 51
Kokosmilch 26, 45, 51, 98, 173, 186
Kokosraspel 126
Kürbis 25, 51, 129

L
Lachs aus dem Ofen mit Zitronengras und Lauch 79
Lachsfilet mit Wasabi-Aioli 22
Lammfleisch 150
Lauch 79, 116
Limetten 74, 106, 168
Limettenchutney 106
Litschi 90
Litschi-Daiquiri 90

M
Mango 16, 83, 104, 126, 170
Mangochutney 104
Mango-Kokos-Crumble 126
Maracuja 185
Marokkanische Hähnchenpfanne 175
Mascarpone 61, 154
Mayonnaise 22, 141
Meerbarbe mit Basilikumöl im Papier 54
Meeresfrüchte 51, 142, 162, 170
Mozzarella 46, 53, 102, 134,
Mozzarella mit frittierten Basilikumblättern 134
Mozzarella und Zucchini mit Honig-Dressing 46

N
Naan-Brot mit Knoblauch 93
Nizzasalat mit Fischfilet 138
Nudeln 59
Nüsse 64, 111, 112, 129, 137, 141, 154, 157, 175, 181

O
Okraschoten 26
Orangen 103, 168, 185
Orangen-Maracuja-Mousse 185

P/Q
Paprika 20, 102, 114, 123
Pfirsich 111
Pfirsich-Roquefort-Päckchen mit Walnüssen 111
Pflaumen 145, 175
Pilze 119
Pita 92
Polentakuchen mit karamellisierten Birnen 157
Pute 59

Pute mit Thai-Basilikum und Cashewkernen 59
Provenzalischer Champignonsalat 42
Quitten 119

R
Rehrücken-Carpaccio mit Feigen und Rucolablüten 70
Reis 25, 124, 181
Ricotta 25, 40
Ricotta-Omelette mit Jalapeños 40
Rindfleisch 100, 116, 123, 176
Risotto mit Kürbis und Ricotta 25
Roquefort 111
Rum 68, 90, 126

S
Saftige Kürbis-Brownies 129
SALATE
  Garnelensalat mit Mango und Mandarinen 170
  Hähnchensalat mit Zitronengras 45
  Mein Avocadosalat 164
  Mein Nizzasalat mit Fischfilet 138
  Mozzarella und Zucchini mit Honig-Dressing 46
  Provenzalischer Champignonsalat 42
  Spinatsalat mit Schafskäse und Walnüssen 112
  Südamerikanischer Waldorf-Salat 141
Salmorejo aus Andalusien 133
Schoko-Hähnchen 149
Schokolade 30, 33, 34, 153
Schokoladentarte mit roten Früchten 30
Schweinefleisch 56, 81
Schweinefilet in Portwein-Sauce 81
Schweinefleisch mit Whisky und Süßkartoffeln 56
Seeteufel-Carpaccio mit Sesam-Orangen-Sauce 167
Sojasprossen 146
Spinat 12, 112, 178
Spinatsuppe mit Fontina 12
Spinatsalat mit Schafskäse und Walnüssen 112
Spinat-Vanille-Curry 178
Submarino 34
Süßkartoffeln 56, 120, 141, 145
SUPPEN
  Bloody-Mary-Suppe 74
  Italienische Tomaten-Paprika-Suppe 114
  Kalte Ingwer-Avocado-Suppe 15
  Kastaniensuppe mit rosa Pfeffer 76
  Kichererbsen-Joghurt-Suppe 48
  Kokos-Kürbis-Suppe 51

  Spinatsuppe mit Fontina 12
  Tom Banana 173
  Tom Kha Gai 173
Staudensellerie 141, 168

T
Tandoori-Garnelen mit Bananendip 162
Tandoori-Hähnchen mit Pinienkernen 124
Tigermilch 168
Tofu 26
Tom Banana 173
Tom Kha Gai 173
Tomaten 53, 73, 74, 102, 114, 123, 133, 134, 138, 164, 170
Tomaten-Oliven-Sauce 73
Trockenfrüchte 104

U/V/W
Unglaublich zarte Lammkeule 150
Vegetarisches Curry 26
Vietnamesische Teigrollen 146
VORSPEISEN
  Auberginen-Orangen-Chutney mit Koriander 103
  Basilikum-Panna-Cotta 73
  Birnen-Carpaccio mit Gorgonzola 137
  Birnenröllchen mit Brie, Pinienkernen und Honig 108
  Ceviche mit Mango und Koriander 16
  Empanadillas 100–102
  Entenbrust-Grapefruit-Carpaccio 19
  Feigenchutney 107
  Limettenchutney 106
  Mangochutney 104
  Mein Avocadosalat 164
  Mozzarella mit frittierten Basilikumblättern 134
  Pfirsich-Roquefort-Päckchen mit Walnüssen 111
  Rehrücken-Carpaccio mit Feigen und Rucolablüten 70
  Salmorejo aus Andalusien 133
  Seeteufel-Carpaccio mit Sesam-Orangen-Sauce 167
  Tandoori-Garnelen mit Bananendip 162
Waldorf-Salat, südamerikanischer 141
Wild 70

Z
Zitronengras 51, 97, 98, 173, 178
Zucchini 40, 46, 182
Zwiebeln 103, 107, 145

Dorling Kindersley
London, New York, Melbourne, München und Delhi

Bibliografische Information der Deutschen Nationalbibliothek
Die Deutsche Nationalbibliothek verzeichnet diese Publikation in der Deutschen Nationalbibliografie; detaillierte bibliografische Daten sind im Internet über http://dnb.d-nb.de abrufbar.

© Dorling Kindersley Verlag GmbH, München, 2010

Alle Rechte vorbehalten. Jegliche – auch auszugsweise – Verwertung, Wiedergabe, Vervielfältigung oder Speicherung, ob elektronisch, mechanisch, durch Fotokopie oder Aufzeichnung, bedarf der vorherigen schriftlichen Genehmigung durch den Verlag.

Programmleitung Monika Schlitzer
Herstellungsleitung Dorothee Whittaker
Projektbetreuung Florian Bucher
Rezeptbearbeitung Teresa Knoche

Fotografie Artur
Zusätzliche Fotos S. 2, 6–7, 9, 159 (rechts oben): Kang, S. 49, 127, 184: Chakall
Cover Kang

Redaktion und Lektorat Dorothea Steinbacher, Ising am Chiemsee
Art-Direktion und Realisierung Catherine Avak, München
Repro Repro Ludwig Prepress & Multimedia GmbH, Zell am See

ISBN 978-3-8310-1750-8

Druck und Bindung Firmengruppe Appl, Wemding

Besuchen Sie uns im Internet
www.dorlingkindersley.de